EMPODERA TU VIDA HACKEANDO TU MENTE

8 FUNDAMENTOS PRÁCTICOS Y EFICACES PARA AUTO HACKEARTE

Juan L. Rodríguez

Copyright © 2018 Juan L. Rodríguez

ISBN: 9781728754819

All rights reserved.

Autor: Juan L. Rodríguez
Editor: Edgardo Moreno
Diseño portada: Ana Marcela Yes. LDG
Diseño interior: Francisco Martínez López

Queda prohibida la reproducción de este libro por cualquier forma, sin previa autorización del autor. Salvo en pequeñas citas indicando claramente la fuente.

Contacto: Juan L. Rodríguez
Email: lifecoachrodriguez@gmail.com

Un proyecto Editorial de

Tu Libro en 21 días
www.Tulibroen21dias.net

Contenido

DEDICATORIA	9
INTRODUCCIÓN	11
Fundamento #1. LA VISIÓN	21
Fundamento #2. TOMAR ACCIÓN	35
Fundamento #3. APRENDA A VENDER CONSTANTEMENTE,	45
Fundamento #4. SÉ EFICIENTE, DE FORMA SUBCONSCIENTE	55
Fundamento #5. ESTABLECER METAS AMBICIOSAS	65
Fundamento #6. DEJA DE JUSTIFICARTE	79
Fundamento #7. CÓMO Y POR QUÉ EXPANDIR NUESTRA ZONA DE CONFORT	93
Fundamento #8. EL DIÁLOGO INTERNO: NUESTRO MEJOR ALIADO… O NUESTRO PEOR ENEMIGO	103
NOTAS FINALES	125
RECURSOS Y REFERENCIAS	131
ACERCA DEL AUTOR	135

Adri;

"Quien define su meta concisa y clara define su destino"

Espero que disfrute de este gran libro de mi amigo Juan, que está en la radio AM todos los días en el 1020 de los Ángeles.

—David

DEDICATORIA

A aquellos que me han apoyado en todo momento, les agradezco desde el fondo de mi alma; sobre todo, a los que han sufrido las consecuencias de mis locuras: sin su apoyo esto no hubiera sido posible…

Agradezco sobre todo a mi familia.

¡Gracias!

INTRODUCCIÓN

En el lenguaje de la informática "HACKEAR" es literalmente acceder de forma ilegal a la información más importante y valiosa que tiene un sistema de cómputo. En otras palabras, es de forma indirecta, robar; saber tus secretos más importantes, sacarles provecho y usarlos ya sea para chantajearte o estafarte.

¿Te puedes imaginar que tú mismo pudieras "HACKEAR" tu cerebro? Es decir, entrar a donde está la información y datos valiosos y tener acceso a aquellas cosas que, solamente metiéndote de forma indirecta, podrías hacerlo.

Tu podrías preguntarme:

—"¿Pero acaso me tengo que robar a mí mismo?"

Quizás no del todo robar, pero sí entrar de forma indirecta a lo valioso que hay dentro de ti y que no estás utilizando ni siquiera para tu propio beneficio. Pero robar por robar, no. No quiero que lo veas así porque naturalmente a nadie nos gusta que nos roben nada, y mucho menos pensar que uno mismo se pueda robar. Puede que te suene un poco ilógico, pero ¿acaso no te has robado tú mismo tus ilusiones y sueños?

Por eso, ante la idea de "robar", nos vamos a proteger, por naturaleza, hasta de nosotros mismos.

Naturalmente, a nadie nos gusta que nos roben. Piensa en el siguiente ejemplo: si alguien nos arrebata cinco dólares de la mano, este hecho nos causa coraje. Sin embargo, si somos nosotros los que por voluntad propia le regalamos diez dólares a la misma persona del ejemplo anterior, esto nos causa satisfacción. En otras palabras, lo importante no es la cantidad, sino la forma. Lo que es obvio es que lo que nos causa un gran disgusto, es el hecho de que nos roben.

Imagina (y esto es verdad) que naces programado para el éxito, pero en el proceso de la vida alguien te re-programa con información negativa que no te permite usar los programas de éxito que tienes dentro de ti. Naturalmente a nadie nos gusta que nos obstaculicen, pero ¿qué tal cuando somos nosotros mismos los que nos robamos o nos bloqueamos las oportunidades?

Quizás nos duela un poco menos pues tal vez no nos damos cuenta de que somos nosotros mismos los que nos quitamos las oportunidades de utilizar los programas de grandeza que tenemos integrados.

Decía uno de los mejores psicólogos de la Era Moderna, Abraham Maslow: "Todos los seres humanos nacemos genios; el proceso de la vida nos desgenializa".

Maslow tiene toda la razón. La pregunta es si en el proceso de la vida lo perdemos, o si nos lo roban, o si nos integran programas negativos, aunque dentro de nuestro sistema hayamos tenido programas de calidad. Y aún más allá, hay que pensar si es que nos roban la grandeza o si nos programan de forma negativa, y quién y por qué. Pero todavía más importante del quién o del por qué, es el cómo recuperarlo.

Porque nos podríamos llevar una sorpresa al enterarnos de que tal vez somos nosotros los ladrones o reprogramadores de lo negativo. Quizá somos nosotros mismos los que nos privamos de las oportunidades de éxito. De ser así, creo que no lo hacemos de forma consciente.

El hecho es que, para revertirlo, se necesita emprender un nuevo proceso cuyos fundamentos te voy a ofrecer en este libro.

El proceso consiste en 8 FUNDAMENTOS claves para recuperar los programas de grandeza necesarios para lograr nuestros sueños.

En nuestro ADN, que es la programación que traemos dentro de cada uno de nosotros, tenemos todo lo requerido para alcanzar la grandeza. Este sistema ya viene integrado dentro de cada ser humano.

Ahora, tú mismo lo vas a ir comprobando. No digo que lo vayas a ir descubriendo, porque con seguridad ya has visto algunas veces esas pistas de genialidad en ti. Ahora, lo vas a ir re-confirmando, con la ayuda de estos 8 FUNDAMENTOS. La sugerencia que te voy a hacer es que ubiques metódicamente la información y los programas donde corresponden, para poder tener la oportunidad de recuperar tu enorme potencial y alcanzar tus sueños (independientemente de si los hayas perdido, de que te los hayan robado, de si te hayan programado información negativa o si, por negligencia propia, los hayas plantado como virus y no hayas hecho nada al respecto).

Independientemente del título y subtítulo que tú quieras ponerle a este libro, (que podría llamarse las 8 Reglas, 8 Pasos, 8 Secretos, 8 Leyes, 8 Requerimientos, 8 Claves, 8 Fundamentos o 8 Técnicas), lo importante es que tus razones personales son las que te han llevado a poner en tus manos esta obra; es tú decisión.

Te sugiero que utilices este libro y estas técnicas de la forma que más te convenzan, para animarte a tomar la acción necesaria y lograr lo que sea que el éxito sea para ti. Pero, eso sí, me gustaría que la próxima vez que te veas en el espejo, ya sea en el de tu casa o en el retrovisor de tu auto, te veas al centro de los ojos y te digas con voz fuerte y llena de asertividad:

—"¡No importa quién te haya robado tu sueño o quién te haya programado de forma negativa: entre tú y yo vamos a recuperar la grandeza dentro de ti!"

La idea de este libro es la de compartir contigo algunas pautas que te den una perspectiva diferente a lo que ya sabes. Estos escritos en tus manos te darán un incentivo para que uses de la manera más eficaz lo que ya sabes.

Porque sinceramente creo que para lograr tu éxito ya tienes más del 90% de los ingredientes necesarios. No creo que te hayan robado tanto; sólo te han (o te has) reprogramado. Lo que sí te garantizo es que dentro de ti está tu ADN en donde sigue existiendo la grandeza; solo hay que encontrar algunas nuevas o diferentes técnicas para retomar y recuperar las oportunidades de éxito que sabes que puedes lograr.

Y si tú no quieres verlo como un robo o mala programación, te propongo que lo veas de otra manera, tomando en consideración que tienes ya la mayor parte de los elementos necesarios para lograr lo que tú creas que para ti sea el éxito.

Quizá puedes verlo con este ejemplo: imagina que vas a preparar un pastel, una torta o pan, Ya tienes lo básico harina, levadura, azúcar, sal y todo el tipo de ingredientes necesarios tienes el 90% y solo te faltan algunas pocas cosas.

Digamos que también cuentas con todos los utensilios necesarios, tales como espátulas, moldes, batidores, cucharas, medidores y hasta la mesa. En fin, ya tienes todo, la masa lista, dentro del molde, ya visualizaste como quieres el producto terminado y solo esperas que el horno este caliente al grado que se hornee.

Posiblemente sólo falte regular la temperatura del horno subir o bajar poco , dependiendo de lo que vayas a hornear, puede que el horno esté algo frío o demasiado caliente.

Pero todo esto va a depender de lo que tú vayas a hornear. Es por esta razón que solamente tú y tu definición del éxito es lo que importan.

Pensemos por un rato que dentro de ti está todo lo que ocupas para el éxito y, como en el ejemplo de cocinar el pastel, lo más seguro es que ya cuentes con todos los ingredientes para lograr lo que sea que tú quieras lograr. Es muy posible que lo único que aún puedas requerir es entender el procedimiento para conseguir lo que quieres cocinar. Naturalmente, al no entender todo el proceso por el que vamos a navegar, surgirán una cantidad de emociones.

Quizá tienes miedo, o preocupación, o no te sientes del todo preparado y listo para una tarea como ésta y lo único que te detiene es que crees que a tu pastel le falta un par de huevillos y con eso ya se puede hornear. En verdad, quizás ya está todo, pero aun así te sientes fuera de tu zona de confort. O puede ser que el horno no esté suficientemente caliente y muy dentro sabes que, si el horno no está a temperatura adecuada, ni siquiera se te ocurre empezar a amasar los ingredientes porque sabes que no se va a cocer el pastel.

Probablemente ya has hecho el intento antes y no salieron las cosas como tú esperabas y entonces ahora estás tomando decisiones para tu futuro, basadas en tus experiencias del pasado. O simplemente, como dijimos unos párrafos atrás, puede que sólo sea un poco de miedo por entrar en un terreno totalmente desconocido. Puede que tengas todo lo necesario para cocinar lo que tú quieres cocinar, pero aun así hay un dejo emocional muy dentro de ti que te impide hacerlo, y ni siquiera sabes lo que es.

Esto me hace recordar una experiencia que tuve unos años atrás. Me tocó dar una capacitación a 250 psicólogos del sistema educativo en México (SEP).

Naturalmente, como en todos o en la mayoría de los grupos que se capacitan, había algunos incrédulos, otros un poco escépticos e incluso, algunos contrarios a todo lo que yo representaba, y eso yo lo entendía y lo leía en sus actitudes, con las que me decían:

—¿Cómo puede ser que un "pocho" (así les dicen en México a los Hispanos que residen en Estados Unidos) quiera venir a decirnos cuáles son nuestras problemáticas sociales o educativas acá en nuestra tierra?

—¿Cómo nos va a entender, si no vive en nuestras condiciones?

—¿Qué puede hacer su programa por nuestros retos reales y no sólo sus teorías formadas a distancia, si no siente ni tiene idea de lo que vivimos acá?

Este tipo de inquietudes fueron las que noté e interpreté tanto por sus comportamientos, como por las quejas que me expresaron desde el arranque del programa.

Además, otra cosa jugaba en mi contra: que los enviaron al curso de forma obligatoria. Por razones obvias, ya iban con esa predisposición adversa hacia una nueva forma de ver las cosas. Y, de hecho, no los culpo, pues quizás en sus mentes debatían con ideas similares a las que describo a continuación:

—"Me ha tomado seis años estudiar una carrera, asimilar una

creencia, una filosofía y una validación académica, y de buenas a primeras viene un mexicano desterrado, americanizado a querer decirme y a enseñarme que lo que estudié puede estar desactualizado. ¿Cómo se le ocurre?"

Creo que a mí también me hubiera molestado si yo hubiera estado en sus zapatos; y también puede ser que hubiera tenido todas las razones válidas (en mi criterio) para contrariar lo que me querían enseñar. Y quizás, al igual que ellos, estaría mirando todas las cosas que se pudieran usar para estar no solo en desacuerdo sino incluso para desacreditar lo que se nos viene a "imponer". ¿Y quiénes son estos gringos que pretenden enseñarnos qué hacer?

En otras palabras: ¿Cómo pretenden enseñarle el Padre Nuestro al sacerdote?

Ahora bien. Imagina que, aún con todas esas actitudes que tenía en contra, había que trabajar. Y bueno, pues en ese momento entendiendo lo que era mi "Dialogo Interno" (que traía activado al todo pues ya había trabajado con estas conversaciones internas con anticipación) la conversación giró en torno a lo que comentaba anteriormente, es decir, yo mismo me tenía que empujar, animar y decirme:

—Tú ya tienes lo que se necesita para hacer este taller.

—Tienes casi diez años implementando este programa.

—No te vas a meter a discutir las capacidades individuales de cada uno de los participantes.

—No es debate de psicologías ni de escuelas, ni es comparación, ni competencia.

—Este programa que tú tienes para ellos, es un regalo para agregar a lo que ellos ya tienen.

—Sabes en tu corazón que no pretendes invalidarlos ni desacreditarlos.

En fin. Cuando estás a punto de enfrentar algo nuevo, aunque te hayas preparado mentalmente, vas a seguir creando una sensación de preocupación o de miedo, y este miedo puede provocar una cantidad de disparates o un lenguaje disuasivo en tu mente. Esto es normal. La tarea es cómo convertir tu diálogo interno, o "tu mitote dentro de tu cabeza" (como lo llama Don Miguel Ruiz en su libro de "Los Cuatro Acuerdos").

Y es que cualquier cosa que implique un cambio, aunque lo necesitemos o lo deseemos, por naturaleza nos va a causar resistencia a él, tal y como lo muestran estudios e investigaciones.

LAS PROBABILIDADES DE NO CAMBIAR SON NUEVE CONTRA UNA

La balanza para evitar el cambio está muy inclinada al lado de "no lograrlo", y uno de los indicadores que precisamente nos llevan a resistir el cambio, está constituido por todas estas conversaciones disuasorias, negativas y limitantes que dominan nuestra mente.

Ahora; si hay tantas cosas en nuestra contra, ¿es posible entonces buscar la forma de cambiar y valdrá la pena buscar las cosas que nos lleven al éxito?

¿Realmente existe una forma de convertir este diálogo interno, que parece que tenemos siempre en contra nuestra, en un diálogo positivo, constructivo y persuasivo?

Aun con todo lo que aparentemente tenemos en contra, con certeza te puedo responder que ¡por supuesto que sí!

Ojo con esta afirmación. No quiero decir que sea fácil ni mucho menos. Hay que trabajar e implementar un sistema que vaya más allá de sólo ser positivos. Con eso no nos puede alcanzar: es bueno e importante, pero más allá de ser positivos, el sistema nos lleva a ser efectivos.

Antes de entrar en tema de "Cómo Hackear Tu Cerebro Para Triunfar, y Los 8 Fundamentos Para Lograrlo", me gustaría que vayamos entendiendo cuáles son las cosas contra las que hay que luchar y que debemos vencer dentro de nosotros mismos. Porque un tema es seguro: todos, pero absolutamente todos, tenemos retos internos que enfrentar. Y no se trata solamente de enfrentarlos, sino también de superarlos. Además, todos tenemos una cantidad de ideas, intenciones e intereses; y en verdad no pretendo con estos escritos venir a enseñarte absolutamente nada diferente a lo que posiblemente tú ya sepas.

Mi intención es compartir contigo algunas ideas en estas páginas de "Cómo Hackear Tu Cerebro Para Triunfar, y Los 8 Fundamentos Para Lograrlo". Posiblemente algunos conceptos te sirvan, o quizás no te sirva ninguno. Lo que sí te aseguro es que son muy viables y provechosos. Y si tu propósito es alcanzar el siguiente nivel de desarrollo personal o de éxito, entonces sí te van a servir.

¿Por qué me atrevería a asegurarte que sí te funcionarán?

Porque los fundamentos que te presento están basados en investigaciones actualizadas y comprobadas de expertos en la materia del desarrollo humano, a quienes vas a conocer y a reconocer dentro del proceso. Después de todo, el objetivo es alcanzar el éxito, cualesquiera que la definición de "éxito" sea para ti.

Y retomando ésta última parte, ésta es una de las razones por las cuales yo divagaba en cuanto a qué título ponerles a los fundamentos que encontrarás dentro de este escrito. Y en verdad es que, para mí, tomando en cuenta que lo que se necesita es que las cosas sean reales, prácticas y aplicables, lo llamaría "Proceso de 8 fundamentos para conseguir lo que deseas" (tú puedes llamarles leyes o secretos como te guste más). Es posible que estés de acuerdo conmigo.

Quizás llamarle "Cómo Hackear Tu Cerebro Para Triunfar, y Los 8 Fundamentos Para Lograrlo" puede que no sea tan sofisticado como para que te sientas orgulloso de traer en tus manos el libro. Probablemente si te ven tus amigos podrían criticarte como que eres muy "nerd" por no traer un libro tan "cool" para conseguir lo que deseas. Posiblemente hasta crean que estás cambiando de religión o cosas así. ¿Qué sé yo?

Pero igualmente te comparto el porqué de la importancia que para mí tiene el llamarles a estos escritos "FUNDAMENTOS" y no algo más sofisticado como "SECRETOS". Más allá de buscar un título atractivo (que no está nada mal) creo que existe la necesidad de hacerlo real; la idea de los "FUNDAMENTOS" es para que éstos sean aplicables en lo que tú quieras, pero con idea de que sean sólidos. Si quieres construir un edificio de 40 pisos no colocas los mismos cimientos que para un edificio de 4 pisos. Y esto conlleva a que, entre más profundos sean los cimientos, más alto puede ser lo que construyas. Por eso la idea de llamarles "FUNDAMENTOS", para que tengan en tu vida trascendencia y solidez, y no solo la manipulación emocional del momento.

Cuando en los equipos de futbol profesional "visorean" (evalúan) a alguien, analizan qué tantos fundamentos del futbol tiene; los que eligen porteros, buscan los fundamentos que tiene que tener un buen portero; y lo mismo sucede en la música, si van a escoger a alguien para que sea parte de una orquesta o de una banda musical. Igualmente, para el mundo del periodismo o de las comunicaciones, quienes contratan buscan ver qué fundamentos tienen los posibles candidatos, para asegurarse que sean más que solo competentes en la tarea a la que van a ser asignados. Cuando alguien no cuenta con suficiente experiencia para llevar a cabo aquello para lo que se le va a contratar, lo mínimo que esperan quienes lo contratan es que, por lo menos, cuente con lo fundamental, con las bases, y esto da oportunidad para poder construir o para poder instruir. Es lo mismo en el mundo del éxito: para lograrlo, como mínimo se tienen que tener los fundamentos.

FUNDAMENTO # 1

LA VISIÓN

"VISIÓN ES EL ARTE DE VER LO INVISIBLE"

Jonathan Swift

"Primero, lo primero", como se dice en el lenguaje popular: saber y definir lo que para ti es el éxito de la manera más clara posible.

Lo más seguro es que la definición de éxito sea totalmente distinta para cada uno de nosotros, y lo más interesante es que, hasta para uno mismo de un momento a otro, o de una etapa a otra, nos cambia el concepto. Después de todo, somos muy humanos.

Ya lo decía Heráclito:

"LO ÚNICO PERMANENTE EN LA VIDA ES EL CAMBIO"

Heráclito

De modo que las circunstancias de la vida nos pueden exigir que cambiemos, a veces cuando menos lo pensamos o lo queremos. Así es la vida, y de seguro ya te ha tocado hacerlo una cantidad de veces. Aun así, es clave tener dentro de lo posible, una constancia de lo que para nosotros es el éxito, independientemente de que en algunos momentos de nuestras vidas las circunstancias nos vayan a desviar. Siempre habrá oportunidad de retomar el camino mientras tengamos la visión clara.

Como decía uno de mis mentores, Lou Tice:

> "CAMBIA LA ESTRATEGIA, PERO NUNCA CAMBIES LA META"
>
> *Lou Tice*

La visión, como fundamento #1, es trascendental y crucial. Por ejemplo, si ya sabemos qué queremos ahora y estamos totalmente convencidos de lo que en este preciso momento deseamos y pretendemos lograr como éxito, eso ya es una gran ventaja. El sólo hecho de definir con exactitud qué es lo que quieres, créemelo, es primordial.

Aunque te parezca absurdo o raro, una gran cantidad de gente no sabe con exactitud qué es lo que desea o cuál es su meta. Muchos solo sabemos que queremos más, pero no tenemos una definición clara y contundente de éxito. Lo bueno es que, a partir de ahí, de esa premisa de saber qué es lo que realmente deseamos, viene todo lo demás.

Por supuesto que hay otras cosas que son parte del proceso del éxito, pero si por lo menos te queda clara la parte de saber qué es el éxito para ti, ya tienes un buen fundamento para lo que serán los demás pasos claves para lograr lo que te propongas.

Vamos a divertirnos de manera constructiva. Sólo imagina que te llegaran a despertar a las 4 de la madrugada, cuando estás en lo más profundo de tu sueño, y te sacuden con una pregunta contundente, como que tu vida dependiera de la respuesta. Sin tanto análisis de tu nivel consciente, la pregunta que te hacen sin despertarte al cien es:

—"En este preciso momento (4 AM) ¿qué es el éxito para ti?"

Tú, ¿qué crees que responderías? ¡Pero con absoluta convicción y certeza!

Ojalá y te atrevas a escribir en esta línea lo que para ti significa el "éxito" en estos momentos de tu vida.

Ahora bien. Si tu pudieras ser tan objetivo como para evaluar tu propia respuesta, te sorprendería (y mucho) ver que esta respuesta (la que has escrito en la línea), puede que no sea la respuesta real o la que imaginas en verdad.

Y es que responder de forma consciente, no es lo mismo que escribirla cuando la respuesta real sale de tu subconsciente. Ambas respuestas generalmente tienden a ser muy diferentes.

¿Y qué pasa si coinciden ambas?

Te felicito, porque cuando es así, lo más seguro es que sea esté garantizado que alcances el objetivo que persigues. Si no coinciden, me atrevo a pensar que tu éxito no está garantizado.

Casi puedo imaginar que, al leer el párrafo anterior, podrías decir:

—"Espera. ¿Qué no yo compré este libro para tener un aliciente, una motivación? ¡No lo compré para lo contrario!"

Y además podrías increparme con todo el derecho del mundo, que eres dueño de tu vida y que quién soy yo para decirte (y por qué me atrevo a creer) que tu éxito no es una garantía.

¿Qué sé yo de tus capacidades?

¡Obvio que nada! Y el tema de mis inquietudes no va por ahí, sino todo lo contrario.

Yo sería el último en decirte cuáles son, o no, tus capacidades. Pero permíteme ser el primero en decirte que quizás ni tú mismo sepas cuáles son tus verdaderas capacidades. Quizás no está en mí decírtelo, y no es mi objetivo descifrarlo. Lo que sí quiero asegurarte es que te quiero ayudar a creer en lo que es TU POTENCIAL.

Como te mencioné anteriormente con respecto a los expertos de quienes he extraído la información, yo he trabajado en el campo del desarrollo humano por los últimos veinte años. Hay gente que se ha dedicado a desarrollar esta ciencia de forma institucional, y por ahí es por donde me gustaría llevar este arranque de tu visión, analizando esto desde una plataforma neurológica, psicológica y científica.

Una de las razones por las que a la mayoría se nos hace difícil creer que las respuestas que tenemos están equivocadas con respecto a lo que nuestro subconsciente tiene como verdad, está plasmado en la frase del psicólogo Dr. Bruce Lipton, autor del libro: "La Biología de las Creencias:

"TU SUBCONSCIENTE ES UN MILLÓN DE VECES MÁS PODEROSO QUE TU CONSCIENTE".

Dr. Bruce Lipton

Entonces, si yo de nuevo te pidiera que escribieras en la siguiente línea lo que para ti es el éxito, te aseguro que casi todos daríamos como respuesta lo que tenemos a nivel consciente. Si además tomamos en cuenta el concepto del Dr. Lipton, entonces podemos concluir que nuestra visión, si solo viene del nivel consciente, no va a ser tan poderosa como si la pudiésemos extraer desde nuestro subconsciente, ya que ahí la tenemos clara y definida.

Incluso un niño de entre 3 y 12 años tiene más claras cuáles son sus aspiraciones, porque afortunadamente ellos están menos abrumados por "las realidades" que nos limitan a los adultos.

Yo hice el experimento con mi hija: desde que tenía 3 años de edad yo le preguntaba qué quería hacer cuando fuera grande. Por varios años, ella me decía que iba a ser doctora.

En casa creamos el ambiente propicio para que nutriera su sueño de ser doctora. Le compré su kit de médico, con todos los instrumentos necesarios para que se fuera visualizando como doctora y afianzado a la idea de ser galena. ¿Quién no quiere que sus hijos sean doctores? Sólo imagínate: consultas gratis, estatus social, estatus económico y todos los beneficios que esta carrera da; y el glamour de decir "mi hija es médico". Ya sabes cómo somos la mayoría de los papás. ¡Qué no queremos para nuestros hijos!

Conforme fue creciendo mi hija, sus ideas y sus realidades fueron cambiando, como generalmente y, por desgracia, cambian para todos. Cuando tenía alrededor de 10 años, ya su idea era diferente: ahora quería ser veterinaria. En la familia somos amantes del bienestar de los animales y desde antes de que ella naciera ya había dos "can-hijos" en casa: un perro chihuahua llamado Willy y un perro maltés llamado Ricky. Y, naturalmente, el hecho de escucharlos desde el vientre de su madre y de interactuar con ellos desde que era una bebé, tuvieron un gran impacto en ella, al grado de hacerla cambiar de opinión. Y bueno: la verdad es que tampoco me desagradó la idea de que fuera veterinaria. A decir verdad, hubiese preferido que fuese médico, pero lo importante, naturalmente, era lo que ella quisiera y no lo que a nosotros se nos antojara. De modo que ahí vamos de nueva cuenta a nutrirle sus sueños y a propiciar los recursos necesarios para que fuera veterinaria.

Para cuando cumplió 14 años, ya había cambiado de idea 3 veces más (quería ser estrella de rock, luego representante de talentos y, al fin, administradora de empresas).

Con cada cambio, nosotros sus padres, en el afán de nutrirle sus aspiraciones (cualesquiera que estas fuesen) propiciamos un clima favorable para que se le concediera lo que ella deseaba.

Pero tan sólo imaginemos que ella aún siguiera con la misma tendencia a sentirse insegura con respecto a sus metas y continuara con todo este cambio de propósitos y de visiones. ¿Cuándo llegará, y a dónde?

Es como iniciar un camino comenzando en el sur con rumbo al norte, pero a la mitad del trayecto te arrepientes y regresas al sur; y ahora decides que quieres ir del sur al este, y cuando vas a media ruta te vuelves a arrepentir y te vuelves a regresar al sur, para luego querer ir hacia el oeste. Y en este intervalo de tiempo, ya se te pasaron quince años o, peor tantito, te comienza a atrapar "la realidad" de tus necesidades y el precio de tu independencia se esfuma, y tu visión se diluye como nos ha pasado a la mayoría.

Creo que es obvia la importancia de saber qué es lo que quieres y entre más consistente y más temprano en tu existencia logres definir el éxito, puede llegar a tener gran relevancia.

Este hecho lo comprendí de personas como Lionel Messi, Tiger Woods, Michel Jackson y Bruno Mars, a quienes menciono por ser figuras públicas, aunque hay muchos profesionistas que no son famosos, pero también a muy temprana edad se dieron cuenta de cuál era su visión en la vida, al igual que los mencionados.

Recuerdo que vi diferentes entrevistas que les hicieron de niños a Woods, a Messi, a Jackson y a Mars. Lo que más me llamó la atención no fue solo su talento, que fluía de forma natural, sino que lo más relevante fue que tenían muy claro lo que querían ser, y nunca se desviaron de lo que anhelaban. Está por demás mencionar sus logros, que de hecho hablan por sí solos.

En una de estas pláticas (que de seguro puedes encontrar en Internet) entrevistan a Tiger Woods cuando tenía alrededor de ocho años y le preguntan qué quiere ser cuando crezca, y él responde que quiere ser golfista profesional. A la edad de once años, cuando ya se había manifestado como un fenómeno, su fama llegó a oídos de Oprah Winfrey y fue invitado a su show, en el cual Oprah le pregunta:

—"Y dime, Tiger, ¿qué vas a ser (no que quieres ser) cuando seas grande?"

Y Tiger con toda la convicción del mundo y certeza absoluta, responde:

—"¡Voy a ser el mejor jugador del golf del mundo!".

Por alguna razón, a la edad de dieciséis años ya estaba ganándole a los mejores del mundo y haciendo historia dentro de la Asociación de Golfistas Profesionales (PGA por sus siglas en inglés), y seguro que ya conoces el resto de la historia. Por ser un fenómeno y por su juventud, popularizó el deporte del golf como nadie lo había hecho en los más de cien años de competencias internacionales que ese deporte llevaba para entonces. Podríamos decir que se convirtió en el Michael Jordan del golf (sus asuntos personales son aparte). Lo que quiero resaltar es que lo importante es saber qué es lo que quieres y qué es el éxito para ti.

El caso de Messi fue similar. Desde niño se le ve asegurando las cosas que quería para sí mismo. Empezó jugando en Argentina a la edad de seis años, y ya sabía lo que quería ser y cómo quería hacerlo, a pesar de que sus condiciones físicas le eran adversas y no le ayudaban para lograr ser jugador profesional de soccer. Sin embargo, ha logrado convertirse, no solo en un fenómeno del soccer, sino también en un ícono deportivo a nivel mundial, transcendiendo fronteras, tiempos y épocas. ¿Por qué?

Porque desde temprana edad sabía qué era lo que iba a ser. Otra vez, no sólo sabía qué quería, ¡sino lo que iba a ser!

En una entrevista con Arsenio Hall, cuando Bruno Mars tenía alrededor de seis años, se presentó en televisión cantando y bailando como "El Mini Elvis". Él ya bailaba y cantaba desde los dos años de edad.

La historia de Michael Jackson es parecida, ya que desde antes de cumplir diez años ya era un artista a nivel internacional, con éxitos en el radio y en la televisión, formando parte del grupo artístico "Jackson 5" con sus hermanos. El Rey del Pop, el nombre con el que se consagró, aseguraba desde los trece años que se iba a convertir (no que quería convertirse, sino que se iba a convertir) en el mejor artista del mundo.

Como podemos constatar, en los casos de Tiger Woods, Lionel Messi, Bruno Mars y Michael Jackson, sus éxitos no fueron cuestión de suerte. Además de los talentos individuales que cada uno poseía, ellos los intensificaron. Cada quien se apegó a seguir una disciplina acorde a lo que cada uno se convertiría. Estos cuatro íconos sabían lo que querían, lo tenían muy claro, lo confirmaban a cada momento y sabían cuál era la línea recta que los llevaría a donde querían llegar. Y no sólo llegaron y se conservaron allí, sino que varios de ellos siguen superando sus propios límites, porque van expandiendo y creciendo no sólo por las habilidades de sus talentos, sino también por la convicción de saber qué es lo que quieren.

Ahora bien. Si a ellos los despertaran a las 4 de la madrugada y les cuestionaran lo mismo que a ti y que a mí, seguro que ellos darían una respuesta acorde a lo que ellos son ahora; y si se les hubiera hecho la pregunta a cualquier edad, lo más seguro es que hubiesen respondido en total concordancia con lo que son ahora.

Esto no quiere decir que solo cuando se es niño se tiene la oportunidad de lograr el éxito; para nada. Sólo que se da de una forma más natural en algunas personas, sobre todo si están todas las condiciones propicias para tal cosa. La realidad es que, aunque no es normal en todas las personas, sí puede suceder en cualquier etapa, y mientras más temprano sea, será mucho mejor. No es la única forma, pero puede ser la más apropiada (en algunos casos ha llegado a ser contraproducente, pero eso es ya es otro tema).

ENTRE MÁS RÁPIDO SE SIEMBRE LA SEMILLA DE LAS POSIBILIDADES, MÁS PROFUNDAS PUEDEN CRECER LAS RAÍCES DE LOS SUEÑOS.

Por eso, a mi hija yo le inculqué la idea de que mientras más temprano supiese qué era el éxito para ella, y hacia dónde quería llegar, sería mucho mejor. Esto lleva implícito que la esperanza de lo que quieres y a dónde tú quieras llegar, no pueden apagarse nunca.

Reitero que, si tú tienes 69 años de edad, tu edad no tiene tanta importancia y no tiene que ser un impedimento. Esta condición (y otras, tales como la educación o la falta de ella) no tienen porque que ser limitantes.

Como ejemplo real está el Coronel Sanders, quien a esa edad (69 años) decidió hacer algo nuevo para realizarse. Como jubilado del ejército sentía que, si no encontraba otro éxito, se iba a morir (y estoy seguro de que así hubiese sido). Por suerte, fundó los restaurantes Kentucky Fried Chicken y, de nuevo, el resto es historia.

Qué tal lo que logró Ray Kroc, quién se atrevió después de los 54 años a tener una nueva visión, a marcar una nueva línea para su éxito. Esto ocurrió después de que vio el sistema de negocios de los hermanos Mc Donald's quienes estaban satisfechos con un sólo restaurante de hamburguesas. Ray Kroc se atrevió a definir, marcar y trabajar su nueva visión, independientemente de que no tenía dinero, ni experiencia en producir de forma rápida las hamburguesas, ni la supuesta "edad correcta". Se atrevió a iniciar una nueva visión y le apostó fervientemente. Está por demás decir el nivel de éxito que consiguió, no solo en Estados Unidos sino a nivel mundial. Se atrevió a crear visiones más allá de lo que ni él mismo pudo imaginar, cuando decidió hacer todo lo posible para ser el dueño de una empresa mundial. La historia de Mc Donald's habla por sí sola.

Imagina hasta qué grado puede llevarte una visión si no te limitas a tus realidades. Mc Donald's fue el primer restaurante que abrió en la "ciudad prohibida" de Beijing, en China. También se convirtió en la primera cadena de hamburguesas en vender este producto en la India, donde no se come carne de res: el modelo es tan exitoso, que la carne de res fue cambiada por carne de soya. Aquí el tema es que Ray Kroc sabía lo que quería, pero no lo supo a la edad de 2 o 4 o 6 años, sino hasta después de los 54 años de edad.

¿Cuál es el mensaje?

Que no le tienes que dar importancia a tu edad actual (si eres o si no eres joven), ni a tus condiciones (si te son o no favorables), ni al sitio dónde estás en estos momentos (si estás o no en el lugar correcto o de dónde vienes). Todo esto es lo de menos. Lo que importa es que definas lo más claramente posible qué es el éxito para ti y hasta dónde quieres llegar. Y si sabes definir el éxito de manera contundente y clara, entonces has dado el primer paso, el más importante, el fundamental, para lo que viene después.

¿Que si hay que trabajar?

Claro que hay que trabajar, ¡y mucho! No quiero venderte la idea de que es fácil o de que con definir la visión ya lograste lo que pretendes, ni quiero ilusionarte con espejitos mágicos ni con lamparillas de genios que todo lo conceden de forma inmediata. Ni en lo más mínimo te puedo decir que las cosas serán fáciles: de ser así, cualquiera (hasta uno mismo), lo hubiésemos ya logrado tiempo atrás. Lo que sí te garantizo es que con una visión clara las cosas son mucho más factibles y el trabajo será más eficiente, mucho más de lo que te puedas imaginar.

Repito que lo que te vas a imaginar es la visión de lo que aspiras, y esto será tu trabajo más loable y con más propósito, y te dará mucha energía y creatividad. Porque esta función está en la parte de tu subconsciente creativo. Esta es una característica de la Teleología. No te tienes que preocupar por el trabajo por el momento: lo conveniente es que te enfoques en tu propósito, y esto pondrá una gran cantidad de cosas a tu favor. De nuevo quiero hacer énfasis en la importancia de la visión.

Analicemos el siguiente ejemplo: un arquitecto diseña los planos para construir un edificio. A pesar de lo escabroso o irregular del terreno, los planos se pueden adaptar a las circunstancias. Cuando el terreno es plano, se puede planear un edificio plano, común y ordinario; pero ¿qué tal en un terreno extremadamente disparejo? A un buen arquitecto esto le puede dar una mejor oportunidad de hacer algo atípico con vistas y desniveles que solo la topografía totalmente fuera de lo común le brinda, en lugar de hacer una construcción ordinaria como la que haría en un terreno plano.

Tuve oportunidad de ver este caso en las montañas del estado de Nuevo Mexico: casas construidas en peñascos, con diseños únicos. Mientras que los arquitectos promedio u ordinarios buscan diseñar lo fácil, los que son más atrevidos van a hacer lo exclusivo y único. Para ambos proyectos se van a requerir planos, pero a cada uno le toca hacer sus planos en las condiciones que el terreno les permita. Y lo que ambos tendrán en común es que harán sus cimientos con base en el tamaño del edificio proyectado.

ENTRE MÁS ALTO EL EDIFICIO HACIA ARRIBA, MÁS PROFUNDO HACIA ABAJO SERÁ EL CIMIENTO.

Es decir, los FUNDAMENTOS tiene que ser más sólidos. De lo contrario, podemos imaginar lo que sucedería con un edificio muy alto, pero sin fundamentos profundos.

Otro ejemplo simple y llano es que el tener o no tener visión, es como querer jugar soccer en una cancha sin portería. Imagina que estás a medio campo con tus compañeros del equipo y con el equipo rival y ni tú ni el rival tienen portería en donde puedan anotar el gol.

¿Dónde ubicas al portero si no hay portería? ¿Hacia dónde diriges a tu equipo? ¿Cuál es tu lado de la cancha?

Y si esto te parece absurdo, es todavía más absurdo que la mayoría de nosotros estemos jugando así en la vida, sin una portería definida. Y muchos estamos solo en el campo de manera funcional, y lo único que nos satisface es que estamos dentro de la cancha, con el uniforme puesto, pero solo hacemos como que jugamos y creemos que estamos jugando futbol, y corremos de un lado para otro, y gritamos, y hasta queremos entusiasmar a los que nos rodean; pero eso es lo único que logramos hacer. Como se dice comúnmente, mucho ruido y pocas nueces. Hasta somos capaces de engañarnos a nosotros mismos: nos hacemos creer que estamos jugando futbol pero en verdad no estamos jugando a nada. Solos nos engañamos.

Y lo más triste es cuando nos damos cuenta de que en verdad tenemos todo lo que se necesita para jugar dentro del terreno y para jugar bien al futbol, y anotar goles, porque tenemos todo: las pelotas, las porterías y las condiciones, y aun así muchos no hacemos lo necesario. Eso es lo triste.

Hay un concepto que mencionamos un par de páginas atrás, en el que debemos profundizar: es el concepto de la teleología. La teleología, existe dentro del ser humano y es la VISIÓN que tenemos. Es una parte inherente de nosotros, es la que nos da una razón de ser. Dentro del campo de la psicología se dice que somos Teleológicos. (No lo confundamos con Teológicos, que son dos cosas muy diferentes: la primera es una parte natural de nuestro cerebro y la segunda es una decisión deliberada).

¿Qué significa el hecho de que somos Teleológicos?

En el funcionamiento y la estructura del cerebro, de forma práctica se le adjudican al cerebro tres partes, que son:

1. El Consciente
2. El Subconsciente
3. El Subconsciente Creativo.

Si hablamos de las funciones del Subconsciente Creativo, los expertos dicen que estas cuatro funciones son:

1. Función que mantiene la "cordura". Y pongo "cordura" entrecomillada porque todo es relativo.

2. Función que resuelve "problemas". También está entrecomillada la palabra "problemas" porque lo que para una persona es un problema para otra persona no lo es.

3. Función que crea energía. La energía no es relativa ni para la cordura ni para los problemas; energía es energía. Cuando tenemos una disonancia cognitiva o sentimos un "problema" queremos encontrar una solución y requerimos de energía para solucionar el "problema".

4. Función del subconsciente-creativo, que es el "Teleológico".

Aquí es donde está lo interesante: para que esta parte del cerebro funcione de forma adecuada, y tenga estas cuatro características en constante desarrollo, necesita siempre tener objetivos y propósitos.

Ahora bien. Esto no significa que tengan que ser objetivos y propósitos buenos o malos: sólo necesita tener "resultados finales" que perseguir. Esta función de nuestro cerebro se guía por los propósitos que nos ponemos, y es algo que hacemos día a día, de forma mayormente subconsciente. Como sabemos que es una función natural de nuestro cerebro, la tarea es lograr sacarle provecho a lo que buscamos, de forma constructiva.

Para entender mejor esta función que todos tenemos en nuestro subconsciente, pongamos como ejemplo a un indigente (que también tiene esta función de propósitos).

Uno de sus propósitos al despertarse (a la hora que sea que le toque despertarse), es conseguir la suficiente plata para comer ese día. Pero si además de indigente es alcohólico y el alcohol es una de las causas por la que se encuentra en esa situación, su propósito del día puede que sea obtener suficiente plata para su botella.

Y bueno. El no tener plata y saber que eso es lo que requiere para su "necesidad", le va a ocasionar un "problema" que su mente debe resolver, y se va a volver muy creativo para llamar la atención y conseguir que la gente le dé lo suficiente para su dosis de alcohol.

En la salida de la autopista que utilizo para ir a mi casa siempre veo muchos indigentes. En días recientes he visto uno que por la noche llega y se forra de luces navideñas encendidas para llamar la atención y sacar su plata. Este individuo es muy creativo en su forma de resolver "su problema".

Como mencionamos cuando vimos las cuatro funciones, una de estas es la "cordura". Cuando una persona está en determinado nivel, ya sea por drogas, por alcohol, por cuestiones económicas, espirituales, o en un nivel de desempeño que no sea el nivel deseado, esto se convierte en un problema que tiene que resolver, y por ende va a crear la energía suficiente para llegar ahí, dependiendo de lo que sea su objetivo final.

De nuevo vale la pena recalcar que al subconsciente creativo no le importa si el nivel o el objetivo que buscamos es "bueno" o "malo": es el "PROPÓSITO", "OBJETIVO", "META", o "VISIÓN" lo que hace que se mueva.

Esto es el concepto TELEOLÓGICO. Al tener una visión clara de lo que queremos, vamos a activar toda esta parte, y lo que en psicología se llama DISONANCIA COGNITIVA. Esto es lo que vamos a crear.

Esta DISONANCIA COGNITIVA deliberada la logramos al tener una visión, y esto nos va a poner entonces en un estado alterado de intensidad, de estar alerta, de incrementar nuestros niveles de percepción, de creatividad, de energía porque de forma deliberada hemos creado un "problema" constructivo y nuestra disonancia no nos dejará en paz hasta que esto esté resuelto. Podemos estar durmiendo y estar incubando la visión y nutriéndola. Esta parte de las cuatro funciones de nuestro subconsciente creativo estará favoreciendo el resolver el "problema", y aquí es cuando le damos solidez a nuestra visión. Entonces, el crear y el creer en la visión pasan de solo construir castillos en el aire, a hacerlo de forma sustentable. Es incrementar nuestra efectividad y nuestro desempeño individual.

Por eso la importancia de la visión desde un punto científico.

FUNDAMENTO # 2

TOMAR ACCIÓN

"¡ERES LO QUE HACES, NO LO QUE DICES QUE VAS HACER!"

Carl Gustav Jung

Vamos a iniciar con esta premisa, que es un concepto de vida de uno de los mejores psicólogos que ha tenido la humanidad, Carl Jung:

"¡ERES LO QUE HACES, NO LO QUE DICES QUE VAS HACER!"

Muchos nos desgastamos en la vida en prometernos o en prometer a otros, las cosas que vamos a hacer, y de ahí no pasamos. Es muy obvia la idea y muy claro el concepto de Jung. Es tan directo y tan lleno de sentido común, que bien podría pasar desapercibido y no verse la efectividad en su simpleza. Y, naturalmente, todos vamos a tener un millón de razones para explicar que, en realidad, nunca es suficiente con sólo decir las cosas.

Darle continuidad a lo que decimos nos lleva a un proceso natural de 3 pasos:

PASO 1

LO PENSAMOS. Antes de que salgan las palabras de nuestra boca (lo que sea que vaya a salir), lo pensamos. Aquí está la génesis de la acción: en el pensarlo. Esto, en sí, ya otorga un beneficio; es parte de la neurociencia pues además de pensar lo que estamos pensando, se crean imágenes, y las imágenes crean emociones, y las emociones crean generalmente reacciones, y siempre que hay reacciones, hay resultados. De modo que en este ciclo de neuroconexiones ya tenemos ventajas al pensar las cosas antes de que las vayamos a decir, y como siempre nos lo han recalcado, "es mejor pensar lo que vas a hacer, que hacer las cosas sin pensar".

Sin embargo, también hay que tener cuidado ya que mucho análisis crea parálisis, y por pensar demasiado no hacemos mucho, y nos atascamos en la fase de la parálisis. Somos capaces de crearnos todas las imágenes que nos impulsarán a hacer algo, así como todas las imágenes del por qué no hacerlo. Y, como se dice por ahí popularmente, se planea mucho pero nunca se aterriza. Por esta misma razón, es normal que nuestro cerebro esté en esta constante dicotomía de emociones provocadas por imágenes, y de imágenes provocadas por emociones, y es así como entramos en un círculo vicioso, como el hámster que en la jaula donde vive se la pasa corriendo mucho en su aro, sin llegar a ningún lado. Hay que darle perspectiva y ángulo a esta parte de pensar que tiene su beneficio.

PASO 2

LO DECIMOS. Al declarar las cosas, para muchos de nosotros entra en efecto lo que se llama la psicolingüística, que hace que, con base en lo que pensamos y decimos, se incrementen las probabilidades de que tomemos el siguiente paso, que es en donde la mayoría nos quedamos atascados. El error más grande que cometemos se ubica entre el paso 2 y el paso 3. Las razones tienen que ver con un proceso psicológico innato en los seres humanos, que es que al visualizar que hacemos las cosas o que ya hicimos lo que deseamos, nos entra la satisfacción de haber cerrado nuestro ciclo de compromiso. En otros términos, esto es parte de la psicología Gestalt que dice que cuando vemos orden en nuestra mente, las emociones menguan, se disminuyen, se apaga la creatividad y peor aún, nos aplanamos (o, nos aflojamos). Entonces, declarar las cosas tiene sus beneficios y también tiene su efecto de manera científica: entre más declaramos los conceptos, más vamos afianzando la manera de salir del ciclo y menos nos podremos estancar. Además, hay otras razones por las cuales hay que declarar los conceptos varias veces; no es el hacerlo, sino por qué hacerlo.

Lo bueno es que al "declarar" las cosas que aspiramos, creamos una nueva imagen sustentada por la consistencia en la repetición. Esto puede, en verdad, llegar al punto clave de las emociones que evocamos, al sentir esta "disonancia cognitiva", que es un desfase emocional. Otra forma de explicar la "disonancia cognitiva" es tener dos creencias conflictivas al mismo tiempo, como pensar en dos personas que se quieren sentar en una misma silla simultáneamente y, por lo tanto, chocan entre sí. Así sucede cuando hay dos creencias conflictivas entre sí, y esto es lo que llamamos "disonancia cognitiva": hay que ver cuál es la "realidad actual" (la premisa del punto de donde estamos partiendo) y al mismo tiempo ver el "objetivo final". El entender estas dos emociones nos lleva al tercer paso.

PASO 3

LO PONEMOS EN ACCIÓN. Cuando tenemos la fortuna de entrar en acción con respecto a lo que pensamos, en verdad cerramos el círculo de la Gestalt. Entonces sí, podemos darle entrada a la "satisfacción real" por varias razones. La principal razón es porque nos vemos en acción para practicar lo que vamos a hacer y no solo fantasear lo que queremos hacer, independientemente de los resultados (pero no absuelto de ellos). ¿A que me refiero? A que, de forma irónica y natural, si hemos PENSADO las cosas, las hemos DECLARADO y en verdad las hemos PUESTO EN ACCIÓN, entonces las probabilidades de obtener resultados favorables son muy altas.

Es muy benéfico en ocasiones quedar algo insatisfecho con las cosas (hasta el grado en que nos cause molestia), para tomar acción necesaria, forzando así nuestra creatividad. Lo que trato de decir es que, cuando hay cierto grado de insatisfacción constante, hay que utilizar la energía que esto crea para tomar este tercer paso. Podemos crearnos "problemas" constructivos que producen una gran satisfacción por lo que se logra. Se forma un conjunto de varios temas que incrementan la efectividad por estar claros con anticipación, por estar convencidos con las declaraciones y satisfechos con las acciones. Y toda esta situación crea sinergia para que las cosas salgan todavía mejor que si únicamente hacemos lo que decimos.

Como dice el concepto de Nike:

"¡JUST DO IT!" (SOLO HAZLO)

¿Qué es lo que se entiende de esta frase, que es una de las más exitosas campañas de publicidad jamás hechas? ¿Y qué implica esta frase? Que no pensemos demasiado las cosas; que las hagamos; que sólo es cuestión de atreverse a hacerlas. Y utilizaron mucha neurociencia en este concepto, porque nunca dijeron que lo hicieras perfecto. Sea lo que sea que tengamos que hacer, a lo que nos induce esta recomendación es a tomar la iniciativa, a actuar sin contemplar el cómo se tiene que hacer. Y lo mejor de esto, es que es aplicable a todo a lo que se quiera aplicar.

¿Por qué ha tenido tanto éxito este concepto de Nike?

Las razones son varias. Cuando tienes iconos deportivos tales como Michael Jordan y Tiger Woods, y docenas de modelos de todos los ámbitos deportivos diciéndote "hazlo, hazlo, hazlo", es muy probable que tengan influencia sobre nosotros. La mayor parte de las personas buscamos algún factor externo para que nos impulse, cuando nuestros propios factores o motivaciones intrínsecas no son lo suficientemente fuertes como para automotivarnos. Ese factor de motivación externa funciona para muchas cosas y esto lo saben los que estudian mercadeo y lo aprovechan muy bien, como en el caso de la empresa Nike que principalmente estaba promoviendo las ventas de zapatos deportivos.

Otra de las razones por las cuales esta campaña publicitaria fue tan trascendente y de éxito es porque una vez que te atreves a hacer las cosas (aun con miedo) y ves que, aunque no te salgan como querías superaste el obstáculo mayor o diste el "Primer Paso" y no te "moriste", ni te pasó nada trágico, esto sienta las bases para obtener la fuerza para llegar, y nos brinda ímpetu para volver a hacerlo. Enfrentamos el miedo a intentarlo. Ese "Primer Paso" fue, como dijeron los astronautas "un gran paso", aun cuando no te haya salido perfecto ni muy bien. Ahora, si además te salió bien, entonces te animas a continuar con más fuerza, y será más fácil crear tenacidad y determinación gracias a que ya tienes un antecedente de éxito en aquello que intentaste y lograste.

> *DE IGUAL MANERA, E IRÓNICAMENTE, SI FALLASTE EN TU PRIMER INTENTO, SEA COMO SEA SUPERASTE VARIAS COSAS IMPORTANTÍSIMAS DE SUPERAR, COMO POR EJEMPLO VENCER EL UMBRAL DE LA INDECISIÓN, CONQUISTAR EL MIEDO PARALIZANTE, CREAR LA VISIÓN DE VERTE EN ACCIÓN Y SENTAR EL PRECEDENTE DE HABERLO HECHO, TODO LO CUAL CREA LA PLATAFORMA PARA LA SEGUNDA Y PARA LAS CONSIGUIENTES ACCIONES Y NUTRE TU CONFIANZA INDIVIDUAL.*

Por simple que pueda sonar, después de tu "Primer Paso" estás más cerca de lograr cualquiera que sea tu idea nueva, porque te atreviste a intentarlo. Por eso ese "Primer Paso" es muy, pero muy significativo.

Esto del "Primer Paso" lo podemos relacionar con el ejemplo de cuando éramos niños y nos lanzamos a la piscina, o a un río, o a algún charco por primera vez. Antes de hacerlo, por el miedo que sentimos, creamos un mar embravecido frente a nosotros, profundo y amenazante. Y aunque nos vayamos a lanzar a la parte menos profunda, para nosotros parece la zona más profunda del océano. Quizá nos decían papá o mamá, o los amigos:

—¡Tírate, no pasa nada! ¡Está rica el agua! ¡Ven, que es divertido!

Y muchísimas cosas más con el afán de motivarnos.

Pero por el temor que yo recuerdo, y por lo que he visto en los niños, sucede que, aun teniendo puestos flotadores en los brazos, y aun estando en la orilla de la piscina, al mirar el agua sentimos que debajo de la superficie hay cocodrilos, lagartos y tiburones. Dentro de la lógica es inexplicable que todos estos depredadores no se hayan ya tragado a todos los que ya están dentro de la piscina, pero las racionalizaciones de los niños, igual que las nuestras, son encubiertas por la emoción adversa que es el miedo.

Pero luego nos atrevemos a tomar acción y damos el "Primer Paso" y no sabemos por qué lo hacemos (tal vez por tanta insistencia y "motivación"), pero nos lanzamos a la piscina. Y durante esas milésimas de segundo que pasan del lanzamiento al momento de tocar el agua, todavía llevamos la incertidumbre de si estamos haciendo lo correcto o no, y ahí tenemos tiempo suficiente para cuestionar nuestras dudas, hasta que logramos sentir que papá o alguno de los amigos entran al rescate. Y entonces nos invade una inyección de valentía y ánimo: ya no nos fijamos, ni nos importa si nos aventamos bien al agua, o si nos vimos ridículos al hacerlo. ¿Quién va a pensar en eso en ese momento?

Después de tirarnos al agua esta primera vez, ya solo pensamos en el enorme atrevimiento y logro que tuvimos al conquistar el miedo de lanzarnos a una piscina, río o charco, lleno de tiburones, lagartos y monstruos, y que fuimos capaces de dominarlos. Y sentimos orgullo de haber conquistado a todos esos enemigos mortales, sobre todo cuando nos dicen:

—¡Qué valiente eres!

—¿Viste que no te pasó nada?

—¿Verdad que sí fue divertido?

Y, generalmente después de la primera lanzada al agua, te vuelves a lanzar una y otra vez, como todo un conquistador del mar bravo y de las aguas profundas, de los monstruos que viven bajo el agua. Después, el problema va a ser sacarte de la alberca: una vez que dominaste tus miedos de entrar al agua, se va a armar una revolución cuando te digan que es hora de salir de la piscina, a menos que haya una promesa por escrito de que pronto puedes regresar al agua.

Lo interesante después del primer lanzamiento, es lo que nos decimos en la mente y cómo nos sentimos después de esa acción inicial. Allí es donde entra muy bien la frase de Nike, de "¡Sólo hazlo!". Después de esta primera vez, las próximas mil se dan mucho más fácilmente. Por esta razón es que cobra mucha validez este consejo desde el punto de vista inductivo (neuropsicológicamente hablando) y más cuando lo cerramos con afirmaciones llenas de confianza dentro de nuestra cabeza, y nos decimos frases como:

—"Soy valiente, atrevido, capaz".

—"Lo voy a hacer otra vez"

—"Lo puedo hacer mil veces",

y conceptos similares, de tal manera que "¡Just Do It!" (Sólo hazlo), no solo no es mala idea, sino que además promueve conceptos aún mejores que "¡solo hazlo!".

El éxito no solo es cuestión de soñar. Sentarte en el sofá de la sala y visualizar que te llega un millón de dólares a tu buzón y creer que ya se te hizo realidad porque lo visualizaste con toda la intensidad de tu ser, no es suficiente. Creo que eso fue lo que, de buenas a primeras, entendimos del libro o de la película de "El Secreto".

Si me preguntas si vale la pena leer el libro o ver la película, la respuesta es que claro que sí, y lo recomendaría mucho. Hay cosas muy buenas tanto en la película como en el libro. Pero debe quedarte claro que no son soluciones infalibles lo que se interpreta o lo que se nos hace creer. Es una buena inversión de tiempo y de recursos, pero no es suficiente, y no creo que a los 25 millones de personas que vieron la película o que leyeron el libro, esto les haya bastado para que se hayan convertido en multimillonarios. Por lo menos, todos los que personalmente conozco (incluyendo a quien me la recomendó) no se hicieron millonarios, y mucho menos multimillonarios. La que sí se hizo multimillonaria fue la autora, que supo vender muy bien su idea y eso es muy admirable, y no hay nada de malo en ello. Estoy seguro de que muchas vidas fueron cambiadas de forma muy positiva, y me imagino que lo mismo podría pasar con la tuya.

Asimismo, no subestimo la visualización. Es una magnífica herramienta. Yo mismo la sugiero mucho porque es muy (pero muy) importante. De hecho, la clave es saber qué quieres y el visualizarlo te da la oportunidad de poner a trabajar una parte importante de la creatividad en tu cerebro. Esto se llama Sistema de Activación Reticular, que es una red de células que van de la parte de atrás del cerebro hacia la parte de enfrente (a lo que le llaman la neocorteza), y que activa un sistema de alerta que te hace susceptible a las pistas que buscas.

Aquí es importante agregar que, en el tema de la visualización, lo que puede llegar a ser un "problema" es que muchos nos quedamos en la fase de "ver", como en un deseo efímero, y no lo pedimos en nuestro nivel subconsciente, como se necesita. Al no hacerlo, no logramos que sea tan intenso lo que visualizamos como para que nos impulse a tomar una acción: nos quedamos solo con la idea de imaginar y de soñar, y no le agregamos una acción adecuada y constante en la forma en que se requiere. En lo relacionado con la visualización, no importa el cómo, sino el hacerlo con convicción, y dar oportunidad a que, en verdad, se interiorice nuestro objetivo en el subconsciente.

Recuerdo una ocasión en la que no tenía $50,000 dólares que necesitaba para organizar una conferencia a la cual quería invitar a un reconocido conferencista y escritor de México, Carlos Cuauhtémoc Sánchez, a que viniera a los Estados Unidos. Había que pagar sus honorarios, el salón de conferencias, sonido y video de primera calidad y asumir el costo de la publicidad, en donde se utilizaría la mayor parte de la inversión, pues era importante, a través de los medios, llegar a la audiencia que asistiría a la conferencia. También había otros gastos de logística para la realización del evento. Y todo esto se logró sin tener la cantidad de inversión necesaria para el arranque, pero sí las ganas suficientes y el estar seguros de que se podía hacer.

Visualicé en ese gran salón a tres mil asistentes a la conferencia, entusiasmados, atentos, emocionados y agradecidos; las pantallas a todo color, las bocinas y el sonido en todo su esplendor; ruido y energía desbordante, olor a éxito. Lo interesante del caso es que estas conferencias se llegaron a hacer en más de una ocasión, bajo las mismas condiciones. Vi ya realizados todos los pasos que requería llevar a cabo, para que esto fuese algo sensible a mis emociones. Una vez que todo esto se asimilaba de forma emocional en mi mente, me ayudaba a generar una confianza contagiosa en mí y hacia las personas que involucraba en el proyecto, lo cual era clave.

Todo esto implicaba mucha acción, como lo compartí contigo anteriormente. Las cosas no van a ser fáciles por el sólo hecho de visualizarlas y desearlas con todas las ganas del mundo. Eso no alcanza. Generalmente, en lo que se visualiza hay mucha dedicación, trabajo, entrega y acción y gracias a todo esto, por regla general, los resultados son favorables. No voy a negar que hubo ocasiones en las cuales, aun llevando a cabo todas las acciones, las cosas no se dieron como se esperaba, y fueron pérdidas de dinero, de tiempo, de ilusiones y de expectativas. No resultaron como se deseaba, pero nunca me desanimé cuando por "X" o "Y" razón no se obtuvieron los resultados esperados.

Créelo (y esto te lo juro), que la mayor parte de los proyectos salieron bien, y los que no salieron de acuerdo con las expectativas, también los he disfrutado mucho y me han dejado mucha experiencia, por lo que también tienen su valor y su beneficio.

Te reitero: esto no se logró solamente con soñar y con visualizar, y luego quedarse sentado en el sillón de la sala de tu casa. Se requiere acción y convicción, y venderte a ti mismo la idea de que es posible. Y cuando te lo vendes a ti mismo con mucha convicción, es más fácil entonces involucrar a otros.

Es muy agradable ver cómo puedes contagiar tus convicciones a los demás y cómo, hasta los que no quieren, en ocasiones sin imaginarlo se verán involucrados en la vorágine de tus convicciones y de tus emociones.

Te vas a sorprender (como a mí me ha sucedido en muchas ocasiones) de que, al tomar acción, convicción y constancia de ideas, este mismo proceso te va a llevar a lugares más allá de lo que tu imaginaste, todo a raíz de la acción y decisión que has tomado.

De esta forma, te puedes convertir no solo en un tornado categoría F-5, sino que además puedes llegar a crear un vortex de otros F-5. En caso de que no hayas escuchado lo que es un vortex, te explico que es una serie de tornados que, provocados por la sinergia de lo que unos con otros crean, potencian su poder entre sí y llegan a generar una serie de tornados.

Así es que, siempre que se toma acción con convicción y con énfasis, se puede llegar a lograr esto. Y si no llegas a la primera, no te preocupes: si con la acción que tomes solo provocas un pequeño remolinillo que no impresiona a nadie, no subestimes al pequeño remolinillo. Nadie nace siendo grande, ni a nadie le van a salir las cosas perfectas a la primera. Con tiempo, forma y, sobre todo, constancia y convicción, nos llevarán eventualmente a los vortex, a los múltiples tornados provocados por tus acciones.

FUNDAMENTO # 3

APRENDA A VENDER CONSTANTEMENTE,

Y A COMPRAR CONSCIENTEMENTE

"EL NIÑO VENDE SUS ILUSIONES, EL ANCIANO SUS RECUERDOS, EL ENAMORADO SUS SENTIMIENTOS, EL ESPIRITUAL SU TRASCENDENCIA Y HASTA EL RUISEÑOR, VENDE SU CANTO".

Juan L. Rodriguez

¿Que venda yo?

¿Estás loco?

¡Yo no soy vendedor! ¡No me gusta vender!

¡Yo no nací para vender!

Éstas son algunas de las reacciones y de las respuestas más comunes que he escuchado, cada vez que le digo a una persona:

—¡Vende!

Creo que algunos tenemos esta relación negativa e inconveniente con el concepto de la venta, sin saber que es algo que desde el día en que nacimos estamos haciendo. ¡Te lo juro!

Aquí te pongo algunos ejemplos. Cuando somos bebés lloramos por varias razones, pero la principal es para que nos atiendan, y por lo tanto vendemos atención. Obviamente, lo imperante es cubrir las necesidades básicas de los infantes, pero al mismo tiempo, cuando de bebés sonreímos, observamos que las personas alrededor reaccionan y, por lo tanto, vendemos sonrisas. De niños le vendemos a nuestros padres la idea de que nos compren lo que se nos antoje, y esto también es parte de lo que es vender: con un gran berrinche les vendemos la idea coercitiva de que nos compren el juguete o el videojuego que queremos, o la ropa que más nos llama la atención.

La cuestión es que siempre estamos vendiendo y siempre estamos comprando, estemos conscientes de ello o no.

Por ejemplo, el maestro en la escuela le vende la educación y un mejor futuro a su alumno; y también intenta que sea el alumno el que se venda a sí mismo su propio futuro, lo cual es una venta más efectiva.

Crear una visión para nosotros, es vendernos a nosotros mismos una idea. La cuestión es ver qué tan lúcida la hacemos, como para que nos inspiremos a comprarnos a nosotros mismos las ideas que nos proponemos.

Frecuentemente salgo de viaje fuera de la ciudad o del país a impartir cursos o conferencias, y me encuentro sentado en la sala de espera de los aeropuertos o dentro del avión, y empiezo a platicar con algún vecino de viaje en una de esas charlas esporádicas. Después de que me escuchan charlar y decir algunas cosas, siempre me hacen la típica pregunta protocolaria:

—"Y usted, ¿a qué se dedica? ¿Es algo así como un vendedor?"

—"¡Si!", les respondo de forma afirmativa. "Soy algo así como vendedor"

—"Pero ¿qué es lo que vende?" preguntan entonces.

—"Pues fíjese que lo que yo vendo es lo más difícil de venderle a la mayoría de la gente", les respondo.

—"¿De verdad? ¿Vende usted algo así como lotes en el cementerio o cajones para los difuntitos?"

LAS VENTAS SON UNA TRANSFERENCIA DE EMOCIONES QUE TE LOGRAN PERSUADIR A TOMAR UNA DECISIÓN Y UNA ACCIÓN.

Analicemos este punto. Vendas lo que vendas o compres lo que compres, todas estas situaciones conllevan una transferencia de emociones. Puede ser que te estimulen las emociones por las razones más comunes como el miedo, o por la necesidad o, la más típica, que es la ilusión.

Independientemente de cuál de estos estímulos se trate, todos conllevan una transferencia de emociones, ya sea persuasión o manipulación o inspiración: todas son válidas y cuando logras una transferencia de emociones es cuando puedes lograr una venta.

Pongamos por ejemplo que vas a una mueblería. Si llegas ahí es porque tienes algún interés, o una ilusión, o bien, una necesidad que cubrir. Los buenos vendedores te van a abordar con la idea de ver más o menos qué tienes en mente. Pero habrá algunos que solo quieren ver tu necesidad para "ejecutarte", y esto es hasta cierto punto válido, porque estás entrando en el terreno de ellos: es como meterte a un río con cocodrilos, sabiendo que, por naturaleza, se te van a lanzar todos pues te ven como presa y te van a "ejecutar"; quizá no todos, pero sí la mayoría. Esto es normal y es válido pues estás entrando al territorio de los cocodrilos y ellos para eso están. Solo cumplen su labor.

Algo similar sucede cuando entras a una agencia de autos (sin importar si es de autos nuevos o usados). Se te van a lanzar los "ejecutivos" o "representantes" o "vendedores" (o como sea que se presenten), porque esa es su tarea. Ellos quieren saber si tú tienes alguna necesidad, o si tienes una ilusión, o en qué nivel del proceso estás, para ellos partir de ese punto. Y, naturalmente, dentro de cada rubro hay sistemas para sondearte y saber por dónde te van a llegar con la finalidad de persuadirte a comprar hasta lo que no necesitas. Porque los vendedores sí necesitan vender, y harán todo lo posible para convencerte, utilizando todas tus diferentes emociones. Irónicamente, y quizás sin saberlo, tú mismo les has dado la pauta para saber por dónde te van a llegar, ya sea por el miedo, por cubrir la necesidad o por la ilusión.

En mis viajes, al llegar a una ciudad que no es la mía y en aquellas ocasiones en las que me toca alquilar un auto, veo cómo los que te atienden en la oficina de renta de autos hacen todo lo posible para influir en ti, a través del miedo, para que compres una póliza de seguro. Cuando les digo que solo quiero la cobertura básica, se deshacen en explicaciones para provocar miedo de forma sutil y venderte una póliza que cuesta más. Parte de la persuasión consiste en pintarte que, si llegases a tener un choque o si le llegase a suceder cualquier otro daño al auto, en caso de que tú no estés cubierto con la mejor póliza de seguros, te va a salir muy caro, sin tomar en cuenta el tiempo que te va a quitar. En fin, todo lo que se les ocurre es mostrarte un panorama nefasto y trágico. Me gusta ver las formas en que describen la situación, con la intención directa de despertar ciertas emociones que te hagan tomar la decisión de comprar lo que ellos te venden.

Retomando el tema de lo que yo vendo y la conversación con los compañeros de viaje que tienen esta inquietud, en cuanto me preguntan acerca de si vendo las fosas en los cementerios o las cajas de muerto o los planes de muerte, generalmente les contesto algo como:

—"Pues fíjese que no. Eso no es tan SOFISTI-COOL para mí como "vendedor". Yo vendo algo más difícil que lotes de los cementerios o los ataúdes de difuntos".

Y es verdad.

Es mucho más difícil lograr que la gente compre sus propias capacidades; que compren lo que pueden ser capaces de lograr si tan solo creyesen en las cosas que pueden lograr. Eso es mucho más complicado de vender. Venderle a la propia persona, su propia persona.

Las demás cosas, tales como los lotes del cementerio o los ataúdes de los difuntitos de los que hablamos, pueden llegar a venderse con más facilidad, porque a todos nos llega el momento en que, como consumidores, no tendremos otra opción mas que usar estos productos y servicios; nadie nos vamos a escapar de ello, y aunque no lo queramos, vamos a tener que comprarlo.

Tratemos de recordar cuántas veces han tratado de vendernos a nuestra propia persona, nuestras propias capacidades. ¿Acaso alguno de nosotros no vamos a charlas motivacionales, seminarios, retiros, libros, coaching, escuelas, capacitaciones y todo lo que sea necesario con el afán de vendernos a nosotros mismos la idea de que tenemos el potencial de lograr las cosas que queremos?

Afortunadamente, sí somos capaces de comprarnos muchas ideas que nos vendemos a nosotros mismos; pero lamentablemente, la mayoría las ideas que hemos comprado de nosotros mismos, son ideas equivocadas. Y lo malo es que la mayoría compramos sin opción, ideas y conceptos contraproducentes a nuestras capacidades.

Le reitero a los vecinos de los vuelos que lo que quiero venderles es la idea del potencial con el que nacimos nosotros mismos. Pero, aun comprobándosela, no la quieren comprar. Se me hace muy difícil vendérselas. Y, para ser franco, muchas veces también se me hace a mí mismo difícil comprármela. ¡Qué difícil se nos llega a hacer comprarnos la creencia del enorme potencial que tenemos cada uno de nosotros!

Ante esto, siempre recibo una respuesta muy interesante de los que me cuestionaron. Generalmente sus respuestas giran alrededor de lo siguiente: "¡Qué curioso! Tiene sentido y tiene razón. Yo nunca lo había visto de esa manera".

Lo que quiero que nos quede claro es que siempre compramos y siempre vendemos, a nosotros mismos y a otros. La pregunta es: ¿qué compramos o qué vendemos?

Nos queda claro que todo el tiempo estamos vendiendo a otros o a nosotros mismos, y también todo el tiempo estamos comprando.

La otra pregunta es ¿qué vendemos, a qué precios y qué compramos?

Dice Jordan Belfort, (El Lobo de Wall Street):

> "LA VENTA ES UNA TRANSFERENCIA DE EMOCIONES. SI QUIERES SER O SI YA ERES UN EMPRESARIO, LES TIENES QUE VENDER A TUS COLABORADORES LA RAZÓN DEL POR QUÉ SE ENTREGUEN A TU EMPRESA; LES TIENES QUE VENDER A LOS POTENCIALES BANQUEROS QUE TE VAN A PRESTAR DINERO O TE VAN A DAR CRÉDITOS, SEGURIDAD; Y SI SON ASOCIADOS, LO MISMO LES TIENES QUE VENDER. Y TODO SE TRADUCE EN TU CAPACIDAD PARA PERSUADIRLOS DE LO QUE ES TU VISIÓN, PARA QUE ELLOS TE COMPREN LO QUE A ELLOS Y A TI CONVIENE QUE TE COMPREN. DE NUEVO, REPITO, ESTO DE LA VENTA SIEMPRE ES Y SERÁ UNA TRASFERENCIA DE EMOCIONES".

Jordan Belfort

Y Belfort ¡tiene toda la razón del mundo!

Para los que me dicen que no son vendedores, irónicamente ellos mismos ya se compraron la idea de que no son vendedores, y se la vendieron a ellos mismos, que no son los vendedores que no creen que son, y que, además, no se dan cuenta de que han pagado un precio muy caro, al comprarse una idea equivocada.

Bien lo decía mi mentor Lou Tice:

> "ACTUAMOS Y PERCIBIMOS CON BASE EN LAS CREENCIAS, MÁS QUE CON BASE EN NUESTRO POTENCIAL".

Lou Tice

Y volviendo a lo que menciona Jordan, el Lobo de Wall Street:

"Todos somos vendedores. Si eres empresario o líder tienes que venderle tu propósito y tu visión a los que te rodean, porque de qué otra manera te van a comprar el compromiso para entregarse de lleno a tu negocio".

"Si consideras que eres visionario, posiblemente sí lo seas; pero además debes ser un excelente vendedor, capaz de rodearte de gente que cree en la visión de lo que les has pintado; y se la has pintado tan bien, que te la logran comprar; y si eres buen vendedor, aunque la visión sea barata, tú se las logras vender a buen precio".

Mientras escuchaba a Belfort, recordé lo que leí en la autobiografía de Steve Jobs, a quien la mayoría lo consideramos definitivamente un gran visionario. Si ya conoces su historia te darás cuenta de que Jobs no creó ninguno de los productos electrónicos personalmente. No era hábil para la electrónica ni en lo más mínimo, y él mismo da cuenta de ello en su biografía. Cuando comenzó su empresa, Apple, (que ahora vale muchos billones de dólares), solo eran Steve Wozniak y él. Pero Wozniak era el que hacía los aparatos a partir de las ideas que a Jobs se le venían a la mente. Eso significa que no solo le vendía a Wozniak la idea de lo que había que hacer, sino que además le vendía la idea del por qué hacerlo. Para ser un visionario hay que ser un gran vendedor, no solo para otros sino, principalmente, para nosotros mismos. Una vez que nosotros nos compramos lo que nosotros mismos vendemos, y cuando lo creemos enfáticamente, llevamos las cosas a niveles que ni siquiera nosotros mismos imaginamos.

Cuenta el mismo Steve Jobs que lo primero a lo que se le ocurrió darle forma fue a un aparato para desbloquear las llamadas telefónicas de larga distancia de forma ilícita. Y estamos hablando de los teléfonos rotativos convencionales (nada que ver con la tecnología telefónica actual). Pero lo que hicieron en aquellos tiempos, equivale a lo que ahora se le podría llamar "hackear" el sistema telefónico.

Wozniak tenía la capacidad de crear estos aparatos, pero no sabía qué hacer con ellos, mientras que a Steve Jobs se le vino a la cabeza que hicieran varias de estas cajitas decodificadoras y que él se iba a dar a la tarea de venderlas de forma clandestina, como algo que era ilícito. De nuevo, la persuasión y la triple venta: primero a él mismo, después a Wozniak (a quien le vendía lo que a él se le ocurría) y finalmente a los potenciales clientes a quienes les vendía "el producto", un producto único que a nadie se le había ocurrido crear. Lo más interesante de todo es que desde la primera experiencia, tuvieron más éxito de lo que se imaginaron.

Esta "travesura" rebasó sus propias expectativas y lo interesante del caso fue que sirvió como fundamento para todo lo que vino después y, como se dice popularmente, "…el resto es historia".

Pero regresemos al punto clave. Si no hubiese sido por la idea que tuvo Steve Jobs de venderse primero a sí mismo la visión, naturalmente no hubiera sido capaz de venderle nada a Steve Wozniak, ni de venderle a los primeros clientes que tuvo, sus decodificadores; y si no hubiera seguido en la venta de sus ilusiones, que crecieron primero paulatinamente y luego de forma exponencial naturalmente, Apple no hubiese existido. Lo curioso y lo interesante de este ejemplo es que el primero que tuvo que venderse y comprar la misma idea fue el propio Steve Jobs. Lo bueno fue que con la emoción de la convicción se vendió a si mismo, su propia visión con ambición.

Así podemos ver que los más ilustres seres humanos de la historia si algo han logrado, en cualquier campo en el que se hayan desarrollado, es porque ellos mismos han sido capaces de venderse sus propias visiones de forma contundente.

Ahora. Esto va más allá de solo ilusionarse. Para verdaderamente comprarnos a nosotros mismos una visión, la tenemos que nutrir, quizás al principio con la ilusión, pero después con la convicción y esto nos tiene que producir la determinación.

Conviene evaluar que ya nos hemos comprado a nosotros mismos algunas ideas inconvenientes como las que mencionamos anteriormente, de creer que no somos vendedores. Y tal como lo vamos a ver más adelante, cuidado con lo que nos decimos y creemos de nosotros mismos, porque nuestro subconsciente es un servomecanismo (ya tendremos la oportunidad de ampliar este tema más adelante). Lo que hay que tomar en consideración es que hemos comprado muchas ilusiones y desilusiones, creencias y algunas visiones contraproducentes, gracias a las cuales ahora estamos donde estamos, y bien puede ser que estemos en un buen sitio o en alguno no tanto.

Lo bueno sería que aceptáramos que sí somos vendedores y que para nuestro bien o nuestro mal nos hemos comprado quizá ideas no tan buenas. Ahora debemos animarnos a que podemos comprarnos otras ideas más empoderadoras para nuestra propia conveniencia. Porque queramos o no, sepamos o no, estemos conscientes o no, somos buenísimos vendedores; pero ahora, a lo que te voy a invitar, es a que seamos mejores compradores de nuestras propias ideas y de nuestras propias capacidades.

Chuck Daly, el entrenador que llevó al primer Dream Team de jugadores profesionales de la NBA a las Olimpiadas, dio un discurso cuando fue exaltado al Salón de la Fama. Hay que tomar en cuenta que a ese lugar no entra cualquiera: para ser parte del Salón de la Fama del Basquetbol hay que hacer algo muy significativo y ser aprobado por muchos dentro del medio, entre ellos rivales y enemigos, pero también profesionales que reconocen a una persona por sus legados, tal y como lo hicieron en el caso de Daly.

Estas fueron sus palabras textuales:

> "YO NO SOY ENTRENADOR. NUNCA FUI UN ENTRENADOR. NUNCA CREÍ QUE FUERA A SALIR DE UNA ESCUELA PREPARATORIA A UN COLEGIO, Y DESPUÉS DE UN COLEGIO A LA LIGA DE NBA, Y LUEGO, DESPUÉS DE LA NBA, A LAS OLIMPIADAS CON EL MEJOR EQUIPO DE BASQUETBOL DEL MUNDO. LO ÚNICO QUE FUI, Y QUE ME LLEVÓ A TODOS ESTOS LUGARES, FUE SER UN MUY BUEN VENDEDOR, PORQUE TENÍA QUE VENDERLE AL EQUIPO LO QUE HABÍA QUE HACER. LE VENDÍA A CADA UNO DE LOS JUGADORES LO QUE ELLOS TENÍAN, PERO QUE NI ELLOS MISMOS SE COMPRABAN. LES VENDÍA A LOS ADMINISTRATIVOS DE LOS EQUIPOS LO QUE TENÍAN QUE COMPRARME. LE VENDÍA A LA

PRENSA LO QUE SABÍA QUE HABÍA QUE VENDERLES. A MÍ MISMO ME TUVE QUE VENDER MUCHAS IDEAS Y NI A MÍ MISMO ME CONVENCÍA, PERO SABÍA QUE, PARA LOGRAR ALGUNAS COSAS, NECESITABA INSISTIR EN VENDERME A MÍ MISMO LO QUE TENÍA QUE COMPRAR".

Chuck Daly

Algunos pudieran decir que inspirar pudiera ser lo mismo que vender, y tienen razón. Pero conjuguemos esto con lo que dice Jordan Belfort, el Lobo de Wall Street. Aunque ya lo mencionamos en un párrafo anterior el objetivo de volverlo a mencionar es darle una nueva dimensión al relacionarlo con la filosofía de Chuck Daly. Posiblemente así podamos entender mejor las cosas y quizá hasta nos atrevamos a comprarnos a nosotros mismos las ideas que nos queremos vender. Y por lo que entendí de Daly, hasta con uno mismo vale la pena ser insistente en la venta de sus propias ilusiones.

"LA VENTA ES UNA TRANSFERENCIA DE EMOCIONES. SI QUIERES SER O SI YA ERES UN EMPRESARIO, LES TIENES QUE VENDER A TUS COLABORADORES LA RAZÓN DEL POR QUÉ SE ENTREGUEN A TU EMPRESA; LES TIENES QUE VENDER A LOS POTENCIALES BANQUEROS QUE TE VAN A PRESTAR DINERO O TE VAN A DAR CRÉDITOS, SEGURIDAD; Y SI SON ASOCIADOS, LO MISMO LES TIENES QUE VENDER. Y TODO SE TRADUCE EN TU CAPACIDAD PARA PERSUADIRLOS DE LO QUE ES TU VISIÓN, PARA QUE ELLOS TE COMPREN LO QUE A ELLOS Y A TI CONVIENE QUE TE COMPREN. DE NUEVO, REPITO, ESTO DE LA VENTA SIEMPRE ES Y SERÁ UNA TRASFERENCIA DE EMOCIONES"

Jordan Belfort

FUNDAMENTO #4

SÉ EFICIENTE, DE FORMA SUBCONSCIENTE

"EL SUBCONSCIENTE ES UN MILLÓN DE VECES MAS FUERTE QUE EL CONSCIENTE".

Bruce Lipton

¿Quién no ha escuchado la frase típica que dice: "La práctica hace al maestro"?

Practicar es bueno. Muy bueno. Pero lamentablemente, en muchos casos, no es suficiente. Y esto me ha causado una gran cantidad de controversias cuando la gente lo escucha por primera vez. Afortunadamente he podido llegar a un acuerdo con la mayoría de las personas con las que me he enfrascado en esta polémica, naturalmente después de que han escuchado mi explicación, que conlleva cuestiones de neurociencia. Y por aquí va la explicación:

Si la práctica hace al maestro, entonces aquellos que tienen veinte años practicando golf, por naturaleza tendrían que ser mucho mejores que los que tienen diez, ¿cierto?

Pues a la Asociación de Golfistas Profesionales (PGA por sus siglas en inglés) llegan a competir jóvenes que les ganan a personas que tienen mucho más tiempo practicando que la edad de sus competidores. Como ejemplo tomemos los casos de Tiger Woods y del ibérico Sergio García, dos jóvenes que les han ganado muchos torneos a veteranos que tienen más tiempo jugando y practicando sus habilidades y sus destrezas en el campo del golf.

En el caso particular de Woods, cuando este tenía apenas 16 años ganaba torneos a grupos en los que todos sus contrincantes tenían hasta más de 30 años practicando golf, es decir, el doble de la edad de Tiger. Y aún con eso, de forma consecutiva les ganó muchas veces los campeonatos. Era casi imparable hasta que su esposa se enteró de otros juegos en los que Tiger tomaba parte, no aprobados por ninguna asociación.

También sucedió con el español Sergio García. Sus logros deportivos son para reconocerse, porque a sus escasos veintitantos años tuvo la oportunidad de ganarle a los mejores del mundo, la mayoría de ellos con decenas de años practicando el deporte más que él. Y si, como dijimos antes, solo fuera cuestión de práctica, tal y como lo dice el refrán, pues entonces lo obvio y lógico sería que ninguno de estos dos golfistas mencionados ganara nada, a menos que sus competidores hubieran tenido unas muy malas rachas, y se le pudieran atribuir los malos desempeños a eso más que a la propia competitividad. Pero sabemos que no es así. Como profesionales que son, practican y se preparan en todas las formas que corresponde, tanto física, como psicológica, emocional y hasta espiritualmente (la mayoría de ellos).

Entonces. ¿cuál es ese factor que marca la diferencia?, podríamos preguntarnos.

Un concepto que le escuché y le aprendí a mi mentor Lou Tice en este tenor, es el siguiente (lo voy a plasmar primero en inglés, en la forma en que él lo decía, y luego en español para explicar lo que quería decir):

> *"IT IS NOT PRACTICE THAT MAKES PERFECT, IT IS THE PRACTICE OF PERFECT THAT MAKES PERFECT".*

"NO ES LA PRÁCTICA LO QUE TE LLEVA A LA PERFECCIÓN, ES LA PRÁCTICA DE LA PERFECCIÓN, LO QUE TE LLEVA A LA PERFECCIÓN".

Lou Tice

Es aquí donde le veo el sentido de lo que decía Lou Tice, y donde vienen personas de todos los rubros a marcar la diferencia del porqué la práctica, por sí sola, no basta para la perfección.

En una de esas discusiones en las que me enfrasqué con unas personas que eran veteranas en las ventas de publicidad para una revista, había algunos de ellos que tenían más de veinte años como ejecutivos de la revista. Y allí también llegaba gente que tenía posiblemente solo cinco años como representantes de la misma revista. De repente, estos "novatos" que tenían la cuarta parte del tiempo que los veteranos, vendían más que los "super expertos". Cuando les planteaba ese ejemplo no les gustaba nada, y naturalmente salían con justificaciones de toda clase, en las que ellos mismos se contradecían con frases como:

"El mercado ha cambiado mucho..."

"La economía ha bajado demasiado..."

"La revista ya no funciona igual..."

"El gerente de ventas ya no nos apoya como antes..."

En fin. Las docenas de excusas sobraban. Pero, cuando se les mostraba la realidad de que sus compañeros estaban compitiendo en el mismo mercado, con el mismo gerente, en la misma revista y que estaban viviendo en los mismos tiempos de "cambios de mercado", me daba cuenta de que les causaba una enorme disonancia cognitiva, lo cual no era mi propósito, pero de igual forma les caía el veinte y ya no había forma de defender su punto. Para su desgracia, ya no podían justificar todos los años de experiencia que tenían sobre los demás.

Y aquí volvemos al punto del que arrancamos antes: que, si solo fuera cuestión de practicar y practicar, con eso tendría que ser suficiente. Sería genial, pues todos los que tienen más tiempo, ya sea en el campo de golf o en el campo de las ventas, estarían generando cuatro veces más que los que tienen menos tiempo que ellos. Pero es obvio que no es así.

Lo bueno de todo esto es que hay sistemas para poder aprender las cosas de una forma más eficiente, y la práctica efectiva no es la excepción. Afortunadamente para ello también hay estrategias y mejores formas de hacerlo.

Uno de estos sistemas, que es muy común en el campo del desarrollo humano, es el de los Cuatro Niveles del Aprendizaje, a los cuales les vamos a agregar algunas formas de cómo entenderlos y la mejor manera de practicarlos.

Estos son los 4 niveles del aprendizaje en ascendente (empezando del 1 al 4).

NIVEL 1: INCOMPETENCIA SUBCONSCIENTE

Este nivel se refiere a cuando no sabes que no sabes. Por ejemplo, es posible que tengas la habilidad o el talento de tocar el piano, pero nunca has tenido la idea de que puedes o de que quieres tocar el piano. Lo mismo para practicar algún deporte que nunca has jugado, o para hacer algún negocio o para actividades que ni siquiera han cruzado por tu mente. De nuevo, quizás tengas talento para desarrollar alguna de esas destrezas o habilidades, pero simplemente no sabes que no sabes y ahí te quedas en esa etapa de INCOMPETENCIA SUBCONSCIENTE, y de ahí no sales. Y estás, como estamos la mayoría, solo viviendo de forma funcional sin saber qué tanto hay dentro de nosotros. ¡Si tan solo nos atreviésemos a explorar las posibilidades! Y, como dicen por ahí, en esta etapa mueren muchos genios, porque simplemente no saben que no saben. Desafortunadamente, esto sucede en todas las categorías de la vida y en todas partes del mundo.

NIVEL 2: CONSCIENTEMENTE INCOMPETENTE

Tienes claro lo que no sabes. Te pongo un ejemplo. Has visto a personas que juegan ajedrez, y conoces el ajedrez, pero tú tienes claro que sabes que no sabes jugar. Es como cuando ves a tus amigos tocando música, y te gustaría estar en su banda musical, pero sabes que no sabes tocar ningún instrumento como para poder estar dentro del grupo. Estás CONSCIENTE de que eres INCOMPETENTE. Otro ejemplo es cuando te dicen que te metas al negocio de vender baterías de cocina y ya has visto cómo las venden, o te invitan vender autos, o a que seas parte de un negocio de vender cosméticos y tu usas esos cosméticos y has visto a tus amigas cómo venden su producto y su "oportunidad de negocio" (si es que están en un negocio de mercadeo en redes), o te invitan porque te ven un poco "hermosa" (como les dicen a las pasaditas de peso en Guatemala) a que formes parte de otro negocio de redes de productos para el control de peso (o, como ahora se le dice, "planes de salud"), en donde, además de que te van a enseñar a vender su producto, lo vas a consumir para posiblemente quitarte unos 30 kilos de hermosura. Y, aun así, a ninguno de estos negocios le entras, porque simplemente sabes que no sabes vender sus productos, y que, además de eso, no te ves dentro del negocio y prefieres quedarte afuera, en este Nivel 2, solo porque sabes que no sabes y estas muy CONSCIENTE de esa INCOMPETENCIA.

NIVEL 3: CONSCIENTEMENTE COMPETENTE

Esto es cuando ya has aprendido a hacer las cosas y las haces desde tu nivel consciente. Uno de los ejemplos más comunes es cuando adquieres tu teléfono inteligente por primera vez, y este tiene una cantidad de cosas que más o menos conoces, pero que, para poder usarlas, aun estás trabajando en ellas desde tu nivel consciente, y esto requiere más de tu enfoque consciente y más de tu energía.

O como cuando estas usando el teclado de la computadora para escribir y tienes la necesidad de ver el teclado, y esto te toma más tiempo de lo normal y, por lo tanto, haces menos y te cansas mucho más, porque necesitas hacer tu trabajo desde el nivel consciente, aunque sabes que lo puedes hacer. Eres conscientemente competente.

O como cuando eras niño y no habías asimilado el hábito de cepillarte los dientes y, cuando lo haces, estás haciéndolo de forma consciente (veinte veces, de las encías hacia abajo en los dientes posteriores y de las encías hacia arriba en los dientes inferiores). Así tienes que hacerlo al principio, pero tú sabes que sí sabes hacerlo.

O que tal cuando tienes que aprender a amarrarte las agujetas de tus tenis y eres un novato de 4 o 5 años de edad. Tomas una agujeta y la haces como una oreja de conejo y tomas la otra y haces lo mismo y cuando estás en el punto de amarrarlas, si alguien te habla, no se los permites ni volteas a verlos, porque te tienes que concentrar de forma consciente en cómo hacerlo. Y ya sabes hacerlo, pero todavía tienes que verlo de forma consciente, aunque sabes que puedes y que sabes hacerlo.

O que tal cuando estas aprendiendo a maquillarte y tomas todo el cuidado del mundo, y lo tienes que hacer de forma consciente porque todavía no es parte de tu interior y aun no has asimilado el hábito, pero aun así ya lo sabes hacer, solo que tienes que hacerlo de forma consciente. Y de nuevo esto requiere más enfoque y desgasta más, pero sabes que sabes hacerlo.

Un último ejemplo de cuando eres CONSCIENTEMENTE COMPETENTE es cuando ya sabes manejar un auto de cambios, pero necesitas estar totalmente consciente de dónde está cada velocidad. Al principio, aun sabiéndolo, el auto todavía te relincha como caballo indomable y casi tienes que estar mirando el diagrama de las velocidades, aunque ya tengas días haciéndolo y sepas de forma consciente en dónde están ubicadas. Te animas a conducir el auto porque sabes que puedes manejarlo. Eres conscientemente competente.

Esto me hace recordar cuando me tocó hacer una traducción simultánea por tres días. Aunque conozco los dos idiomas bien, tenía que estar conscientemente haciendo la traducción. Para mí, esa primera experiencia fue peor que haber corrido un maratón de 42 kilómetros, al grado de que, para el tercer día, al terminar el taller había una reunión para festejar el éxito del evento, y terminé tan exhausto que literalmente me fui a la cama y no me levanté hasta el siguiente día. El desgaste emocional y físico fue tan extremo que me tiró el agotamiento.

NIVEL 4: SUBCONSCIENTEMENTE COMPETENTE

Lamentablemente muy pocos llegan a este nivel, pero no es porque no puedan lograr más. ¿Cuál es este nivel?

Es cuando ya no hay necesidad de pensar conscientemente para lograr hacer las cosas. Es cuando ya se ha asimilado la habilidad de amarrarse las agujetas sin la necesidad de ver en dónde están las manos, ni las agujetas mismas. Lo hemos practicado miles de veces y practicado bien, a tal grado que ya lo hemos interiorizado tanto, que podemos estar enfocados en otra cosa de forma consciente, o incluso distraídos con algo más, (como por ejemplo platicando con los compañeros) y nos amarramos las agujetas hasta mejor que cuando teníamos que fijarnos al principio. Lo hacemos mucho, pero mucho más rápido, y con mucho menos esfuerzo.

Lo mismo sucede con la lavada de dientes: ya no tenemos que contar cada cepillado que hacemos. Tan solo lo hacemos, y lo hacemos bien y tenemos tiempo de hablar, y de hacer otras cosas, porque nos estamos desempeñando desde el nivel subconsciente.

Lo mismo sucede con las mujeres que se maquillan. Después de hacerlo por más de veinte años, ya no tienen que pensar cómo hacerlo de forma consciente. Me toca ver algunas mujeres que van conduciendo el auto, van hablando por teléfono, se van maquillando, van tomando café y cuidando a su hijo en el asiento de atrás del auto; y pueden hacer todo esto porque que van haciendo las cosas desde el nivel subconsciente cuando antes no podían ni siquiera conducir en el estacionamiento del supermercado.

Ahora, cuando me toca escribir, y ya he asimilado el teclado de mi computadora en mi nivel subconsciente, ya no tengo que ver el teclado para escribir. Y lo mejor de todo es que ahora escribo diez veces más rápido de lo que lo hacía cuando tenía que ver el teclado, y me canso mucho menos. Eso es la EFICIENCIA SUBCONSCIENTE.

Cuando hago las traducciones simultáneas, ya no tengo que pensar de manera consciente en las palabras que necesito traducir de lo que estoy escuchando, y solo dejo que el trabajo de la traducción lo haga mi subconsciente. De esa forma me alcanza el tiempo para traducir cada palabra y, lo mejor de todo es que ya no me canso, aunque lo haga por tres días consecutivos. Fluyen mejor las traducciones.

Estoy seguro de que has visto cómo algunos guitarristas o pianistas tocan sus instrumentos sin la necesidad de ver las cuerdas o los teclados, y lo hacen de forma magistral porque no solo han asimilado el instrumento en su nivel subconsciente, sino que, además, han asimilado la disciplina y la destreza de tal forma que solo fluyen, y son altamente eficientes. Un ejemplo sería Carlos Santana, que no necesita ver las cuerdas de su guitarra. La toca con los ojos cerrados y volteando hacia todas partes, menos hacia la guitarra. Pareciese que está desconectado, pero es todo lo contrario: está super conectado de forma subconsciente, y esto le da mucha más oportunidad de crear y de fluir.

También tenemos el caso de algunos deportistas que consideramos fenómenos como Lionel Messi, Cristiano Ronaldo, Michael Jordan, Ronaldinho, o uno de esos porteros que, cuando menos te lo esperas, tienen unas reacciones que no parecen humanas porque tienen que tomar decisiones adecuadas y efectivas en centésimas de segundo. Estos deportistas hacen que el deporte se vea fácil; solo fluyen de manera excepcional, y la única forma que se puede hacer esto a esos niveles, es cuando logran llegar al nivel de poder funcionar desde sus COMPETENCIAS SUBCONSCIENTES, en donde se vuelven más eficaces e irónicamente se cansan menos, lucen mejor y hacen cosas que la gente ordinaria en esos rubros no logran hacer.

Ahora, ¿qué crees que se necesita para llegar a esos niveles?

Como ya lo has comprobado, ya haces muchas cosas en ese nivel, tal como la cepillada de dientes, la amarrada de las agujetas, el conducir tu auto y otra cantidad de cosas que has asimilado, y que solo te fluyen y no tienes la necesidad de pensar en ello. Obviamente te menciono algunas de las cosas buenas, pero como te he dicho antes, a tu subconsciente no le importa si es bueno o malo lo que asimilamos. También nos hemos dado a la tarea de asimilar una cantidad de cosas que no son las mejores y las tenemos tan asimiladas que ya tenemos maestría en este nivel, pero para cosas que no nos benefician.

Por ejemplo, hemos asimilado la mediocridad muchos de nosotros, y lo peor de todo es que podemos ser muy, pero muy eficaces en nuestra mediocridad, y de forma subconsciente. Lo que necesitamos entender, y que esto nos quede muy claro, es cómo llevamos determinados hábitos hasta ahí, y aprender a reemplazarlos de la misma forma en la que ingresamos algunos de estos otros. Pero te recalco el concepto de Lou Tice:

"NO ES LA PRACTICA LO QUE HACE LA PERFECCIÓN, ES LA PRACTICA DE LO PERFECTO LO QUE LOGRA LA PERFECCIÓN"

Una de las mejores maneras de asimilar las cosas buenas que nos dan fluidez y EFICIENCIA SUBCONSCIENTE, es que imaginemos y que practiquemos la perfección de lo que estamos imaginando. Sería bueno reconocer que va a requerir al inicio de mucho esfuerzo consciente, mucho antes de llegar a esa parte de la EFICIENCIA SUBCONSCIENTE. Y es que ahora lo que hay que hacer, además de la práctica común de miles de veces, es buscar la manera de eliminar los malos hábitos o algunas de estas malas costumbres, antes de poder pensar o creer que podemos interiorizar nuevos patrones de conducta o de creencias. Aquí es donde viene el reto más intenso para asimilar disciplinas que nos den la oportunidad de fluir de forma subconsciente.

Conviene pensar y ver a nuestra mente como un simulador donde entrenan a los pilotos de avión y entre más perfecto veamos las rutinas que necesitamos asimilar, mayor será la oportunidad de hacer las cosas de forma efectiva.

Esto es parte de la neurociencia. No es una nueva disciplina, aunque sea nueva su clasificación. Lo que sigue siendo interesante y conveniente es que, entre más se practique de forma correcta, mejor hacemos neuroconexiones para lograr la eficiencia. Un concepto común de esta nueva forma de ver las oportunidades se basa también en la idea de entender lo que dicen en el mundo de la psicología moderna: "El subconsciente no sabe la diferencia entre lo que es real y lo que imaginamos como real".

FUNDAMENTO# 5

ESTABLECER METAS AMBICIOSAS

"UNA ILUSIÓN LLENA DE FANTASÍAS REPETIDAS, CLARAS Y CONTUNDENTES, CREAN EL MAGNETISMO Y EL IMPULSO PARA MANIFESTARSE EN LA REALIDAD"

JUAN L. RODRIGUEZ

Dentro de todos los FUNDAMENTOS que tenemos en la lista de ocho que conforman este libro, todos cuentan y todos son importantes. Pero dentro de los mismos, hay determinado orden jerárquico y este fundamento (el número 5) constituye una de las columnas claves del proceso, sin restarle importancia a todos los otros. Vamos a diferenciar un poco la relevancia de tres de estos fundamentos; el que nos ocupamos ahora está dentro de esos tres.

En este fundamento vamos a profundizar de varias formas, quizás más que en cualquier otro de los anteriores. Es importante hacerlo por varias razones, pero quizás la razón más importante es para entender qué es lo que verdaderamente nos sucede de manera psicológica y emocional cuando establecemos metas. Aquí vamos a buscar la forma de entender una gran parte de lo que es la neurociencia de las metas y vamos a profundizar en la idea de que entendamos cómo estamos en este sentido como seres humanos, y el por qué la mayoría no logramos apegarnos a nuestras metas y propósitos, aun teniendo los pasos y el procedimiento claros para lograr los objetivos deseados.

"Una ilusión llena de fantasías repetidas, claras y contundentes, crean el magnetismo y el impulso para manifestarse en la realidad"

Si evaluamos con profundidad lo que hay dentro del primer concepto de esta frase, podríamos ver que hay una cantidad de palabras interesantes, y no están allí para que la frase se vea bien, sino para entender mejor cuál es la idea.

La frase inicia con las palabras:

"Una ilusión"…

Evidentemente, todos nos ilusionamos (de una y de mil formas), pero lo hacíamos más cuando niños. En esta etapa generalmente somos un manantial de ilusiones por la imaginación propia, pura e inocente, si quieres, pero también a raíz de todas las historietas que nos cuentan nuestros padres y de todas las películas que nos ponen de caricaturas de Disney, y ahora de Pixar, que nos convierten en generadores de ilusiones. Podemos ver cuando un niño está lleno de ilusiones: se desborda de alegría. Si está super ilusionado en vísperas de las fechas navideñas, es porque nutre esa "ilusión" sabiendo que el día de Navidad tendrá el juguete que tanto ha deseado. Naturalmente, lo que quiero exponer es la emoción que causa la ilusión cuando no somos "maduros", ni demasiado "realistas" o "racionales" como para ver todas nuestras limitaciones. Las emociones nos manejan porque, afortunadamente, a esa edad son casi nulas las realidades que a los adultos nos limitan. Al no tener realidades, simplemente se vive con mucha intensidad la ilusión que tengamos.

Juguemos con esta pregunta:

Ahora como adulto, ¿cuál fue tu última ilusión, la que te hizo sentir super feliz, casi como si fueses de nuevo un niño, tanto que ignoraste todas las realidades que a lo mejor te rodeaban?

La mayoría no podríamos decir la fecha, ni imaginarnos hacerlo, porque el "madurar" nos ha hecho muy racionales y ya solo somos capaces de ver la realidad que nos rodea, de acuerdo con nuestra madurez, pero no somos capaces de vivir de manera intensa todas las emociones desenfrenadas que producen las ilusiones.

La segunda parte de la frase dice:

"…llena de fantasías repetidas, claras y contundentes"

La idea de la primera parte, donde menciono la ilusión, sirve como detonante para nuestra energía cuando no nos rigen nuestras "realidades", cualesquiera que estas sean. Pero después, las "fantasías repetidas, claras y contundentes" no solo mantienen el arranque de la energía, sino que promulgan más. No solo se trata de generar la idea, sino llegar a un punto clave del ser humano; activar la imaginación que surge del hemisferio derecho del cerebro y este, en consecuencia, va a activar la creatividad que emana desde esa parte. Pero, al decir en la frase la palabra "…repetidas" esto logra que esta creatividad sea periódica y que convierta lo que es una ilusión, en una realidad. Y en este caso lo que hacemos, es usar la imaginación de forma constructiva y deliberada. Luego dice que las ilusiones son "…claras y contundentes": la contundencia es la convicción practicada, pero más que nada, es la intensidad de la emoción. Esto marca una gran diferencia para que lo que ilusionas, se haga realidad.

La siguiente parte de la frase reza:

"…crean el impulso y el magnetismo…"

Cuántas veces nos arrancamos como los caballos en las carreras cuando dan el disparo de salida y abren la puertecita para dejarnos correr en la pista, al formarnos una meta que nos ilusiona. Y sentimos que nos hemos dado la libertad de conseguir eso que deseamos en la meta, para luego, a media carrera, como si fuéramos un auto, ver que se nos acaba la gasolina, y nos rendimos.

Parte de la idea de tener claridad en cuanto a la meta es con la intención de no caernos a la mitad del camino y no quedarnos como autos sin gasolina, o como caballos sin energía, porque solo teníamos en el tanque lo suficiente para recorrer una cuarta parte de la distancia. Al ver todos los días con claridad y con contundencia lo que deseamos (las metas y los propósitos), esto generalmente nos crea el abastecimiento y el impulso. Y digo abastecimiento e impulso, porque no solo se trata de poner todo el empuje, sino que, además, cuando están muy claras las imágenes y es muy contundente lo que vamos a lograr con esto, se crea el magnetismo y hace que rinda nuestra energía para no desgastarnos, empujarnos o forzarnos a llegar a la meta, porque esto es lo desgastante. La ilusión, si es intensa, hace su trabajo de gravitarnos hacia lo que estamos convencidos que vamos a lograr. Es como ir cuesta abajo usando nuestro propio peso a nuestro favor, para llegar a lo que aspiramos, y no como si fuéramos cuesta arriba, situación en la que nos desgastamos por tener el peso en contra de nosotros mismos. Esto, por naturaleza, nos hace más propensos a la idea de la rendición por desgaste. Nunca va a ser suficiente el abastecimiento de energía cuando estamos luchando contra nosotros mismos.

Por eso la importancia del magnetismo en la frase:

"…para manifestarse en realidad"

La parte interesante de esto es que cuando dentro de nuestra mente ya tenemos "la realidad" de lo que queremos y están detrás todos los demás elementos para conseguirla, generalmente llegamos a donde queremos llegar.

En esta última parte del concepto, la palabra clave es "manifestarse" porque irónicamente la idea de todo es que "la realidad" está dentro de nuestra mente y al solidificar en lo que estamos trabajando, ya solo nos dedicamos a que lleguemos a la "manifestación" de lo que para nosotros, dentro de nuestra mente, era ya "la realidad".

En uno de los libros más importantes para la humanidad (que es LA BIBLIA), leía la siguiente frase (que más que frase la considero como un concepto y la relaciono mucho con el que acabamos de escudriñar con anterioridad):

> *"FE, ES LA EXPECTATIVA SEGURA DE LAS COSAS QUE SE ESPERAN; LA REALIDAD EVIDENTE DE LO QUE NO SE VE".*
>
> *Hebreos 11:11*

Este concepto no solo está lleno de riqueza espiritual, sino que, para mí en lo personal, muestra los conceptos neuropsicológicos y la sabiduría práctica de lo que esta frase contiene.

"Fe, es la expectativa segura de las cosas que se esperan"

La fe es algo contundente. Conlleva más que emoción positiva, y al conjugarla con lo que es "la expectativa" va mucho más allá que "la esperanza". Esto es bueno, pero en lo personal lo veo como un positivismo efímero. Debemos dejar a un lado las cosas y circunstancias que están fuera de nuestro control, y no creo que cuando se habla de "fe" en este concepto se refiera a que deseemos las cosas y esperemos que, por añadidura, se nos den.

Tener una expectativa de algo involucra en gran parte nuestra propia responsabilidad, sin dejar de creer que también tenemos la anuencia de alguien más grande que nosotros, lo cual naturalmente es más contundente para los que somos creyentes, pero no excluye a los que no son creyentes del todo, sino todo lo contrario. Por eso comentaba lo profundo que es este concepto de forma psicológica.

La segunda parte dice:

"...la realidad evidente de lo que no se ve"

A esto es a lo que me refiero en el concepto anterior con relación a "la manifestación". Esta se da como consecuencia de lo que se ha trabajado, más allá de una ilusión, aunque ahí es donde tiene su base.

Ahora, veamos los dos conceptos juntos y analicemos qué conllevan de practicabilidad.

"Una ilusión llena de fantasías repetidas, claras y contundentes crean el magnetismo y el impulso para manifestarse en realidad"

"Fe, es la expectativa segura de las cosas que se esperan, la realidad evidente de lo que no se ve"

Aunque pudiéramos ver todo el sentido de estas dos frases podríamos pensar que hay más que eso. Esto de hacernos metas y alcanzar las metas no puede ser tan simple como lo que hemos plasmado en estos dos conceptos. Y por supuesto que no es suficiente. Hay más, pero mucho más que evaluar y vamos a agregar otra cantidad de principios en el afán de hacer que las cosas no solo sean entendibles y nos podamos relacionar con ellas sino que, además, sean prácticas y contundentes.

Otro principio al que le vi mucho sentido, y que en lo personal encuentro muy profundo es el siguiente concepto de Jordan Belfort:

"LA RAZÓN POR LA QUE LA MAYORÍA DE LAS PERSONAS NO SON NI EXITOSAS NI PRÓSPERAS, NO ES PORQUE HAYAN PUESTO SUS METAS DEMASIADO ALTAS Y HAYAN FALLADO EN ALCANZARLAS, SINO PORQUE LAS PUSIERON DEMASIADO BAJAS, Y LAS LOGRARON".

Jordan Belfort

No sé qué impacto tiene esto en ti, si es que te atreves a evaluarla y a rebotarla en tu experiencia personal.

Cuando me atreví a evaluarla y a rebotarla en mis experiencias personales, sí me pegó, y fuerte, muy fuerte. Porque tiene mucha razón Belfort: tenemos la gran debilidad de que somos demasiado realistas y basamos nuestras metas en lo que creemos que somos, o en el momento, o en las ideas que tenemos, o en las condiciones que nos rodean en ese preciso momento, y esto solamente nos hace ponernos metas con base en lo que se llaman nuestras Zonas de Confort. La mayoría, creamos nuestras aspiraciones con base en las competencias que creemos tener, y no en el potencial que verdaderamente tenemos. La verdad es que ni idea tenemos de las capacidades que hay dentro de nosotros y, por ende, esto no fomenta el crecimiento; nos hace funcionales y tibios, y solo nos desarrollamos dentro de ese círculo de competencia.

Nadie quiere sentir el dolor del fracaso cuando no se nos dan las cosas como las anticipamos. Por esa razón, la mayoría solo vamos a trazarnos metas dentro de las circunstancias y las realidades que tenemos. Y también seguro tienes razón en pensar que si te pones metas muy altas, la probabilidad de fallar es también mucho más alta; por sentido común, no vamos a hacer cosas que estén destinadas a fallar. A nadie nos gusta fracasar, y si percibimos muchas probabilidades de fracaso ni siquiera lo vamos a intentar. Por lo menos, eso es lo que piensa la mayoría. Por eso, como mecanismo de defensa y, otra vez, por no sentirnos mal, desafortunadamente vamos a funcionar dentro de los parámetros que consideramos nuestras capacidades.

Porque lo ideal en cuanto a las metas, no es funcionar conforme a nuestras capacidades y ni siquiera de acuerdo con nuestras competencias, puesto que estas solo reconfirman que funcionamos con base en lo que tenemos de habilidades para competir y rara vez funcionamos de acuerdo con nuestro potencial. Porque, aparte, ni siquiera sabemos cuál es este nivel de potencial que tenemos: nadie lo sabe. Por eso se me hace muy acertado el concepto de Jordan en cuanto a que:

"ponemos las metas demasiado bajas y las alcanzamos"

En este tenor hay otro concepto del filósofo alemán Friedrich Nietzsche:

"AQUEL QUE TIENE UN PORQUÉ PARA VIVIR, PUEDE ENFRENTAR TODOS LOS CÓMOS".

Friedrich Nietzsche

¿Por qué razón es trascendental el concepto de Nietzsche en cuanto al logro de nuestras metas?

Veamos. Generalmente, cuando nos ponemos una meta, propósito o visión muy grande, esto nos provoca mucho miedo. Si la meta es más grande de lo que consideramos "nuestra realidad actual" (dentro de la cual se encuentran la limitación de nuestros recursos del momento, así como nuestras competencias) nos va a entrar un miedo que, además de ser necesario, es natural y hasta de beneficio, pues puede ser un catalítico para saber que vamos más allá de nuestras zonas cómodas.

Sin embargo, la primera pregunta es, generalmente:

—¿Y cómo lo voy a lograr?

Hay que tener mucho cuidado al darle importancia a esta pregunta realista y limitante del "cómo". Por eso la contundencia del concepto que periódicamente menciona Peterson sobre Nietzsche.

"AQUEL QUE TIENE UN PORQUÉ PARA VIVIR, PUEDE ENFRENTAR TODOS LOS CÓMOS".

Friedrich Nietzsche

Y estas son buenas noticias para nosotros porque no solo es soportar cualquier "cómo" sino que, además, hay otras cuestiones claves más allá de los "cómo", que solo vamos a evaluar una vez que tengamos un "porqué".

Recordemos cómo lo analizamos con detalle al inicio de este Fundamento #5. Activamos la parte del hemisferio derecho de nuestro cerebro, que es la parte creativa. Una vez que tenemos muy definidos los "porqué" y conformados estos con la intención fuerte que nos da esa energía, el neuro efecto que van a tener en nuestro cerebro va a hacer que este produzca más químicos estimulantes, que son la serotonina, la oxitocina y, la más importante de ellas, la dopamina, a la que incluso pudiéramos llegar a hacernos adictos (y ojalá que así fuese, porque es como la cocaína natural de nuestro cerebro). Estos neuro-químicos van más allá de lo filosófico y lo espiritual, y son los que provocan que las metas se establezcan como se tienen que establecer.

Agreguemos aquí otro concepto más, que decía mi mentor Lou Tice:

"PRIMERO VIENE LA META, LUEGO SE PERCIBE".

Lou Tice

¿Qué es lo que realmente quería decir Lou con esto?

Que además de estas neuroestimulaciones, hay otra parte clave que tiene que ver con un concepto psicológico que se llama Sistema de Activación Reticular, que ya habíamos mencionado antes. Es una red de neuronas que van desde atrás del cerebro por toda la neurocorteza, hasta la parte prefrontal del cerebro. Esta red de células neuronales se activa y nos hacen estar más alertas a los nuevos desafíos que surgen al establecer las metas. En este nuevo estado de alerta vamos a percibir mucho más de lo que éramos capaces de percibir antes de haber establecido la meta.

Podemos ver esto de varias formas, llevándolo de lo técnico a lo práctico, para entenderlo de forma más simple y conveniente.

Aquí te presento un ejemplo muy claro de cómo funciona el Sistema de Activación Reticular:

Imagina a una mamá joven que tiene un bebé de diez meses de edad. Ella duerme en su recámara y el bebé en el cuarto de junto. Allí está la madre por la noche, durmiendo un sueño tan profundo, que pasa un camión de carga por afuera de su casa, haciendo un ruido de 90 decibeles (por ponerle un número), y esto no perturba su sueño. Sigue tranquila durmiendo en su recámara. Pasa un avión volando bajo rumbo al aeropuerto (que tiene cerca), haciendo un ruido de 100 decibeles, y continúa dormida sin ningún inconveniente. Pero a media noche llora el bebé con 50 decibeles de ruido y la mamá, como si la hubieran puesto en una plancha muy caliente, salta a atender al bebé.

La pregunta es: si el camión de carga hace 90 decibeles de ruido y el avión 100 decibeles, ¿cómo es que ninguno de estos despertó a la joven madre, y por qué sí la despertó el llanto del bebé cuando este emitió un llanto de tan solo 50 decibeles?

Generalmente cuando expongo talleres de capacitación cuestiono a los participantes con este ejemplo, y todos contestan:

—"Pues es el instinto maternal".

Buenísima respuesta. E incluso es la más lógica. Pero no es eso. Es el Sistema de Activación Reticular.

De nuevo, una de las funciones de este Sistema de Activación Reticular es que no reacciona de acuerdo con el volumen de la información, sino a lo significativo que puede ser para nosotros esa información, y esto es algo que todo el mundo tenemos y lo tenemos funcionando siempre y en todo lugar.

Sin embargo, hay que tener cuidado (y mucho cuidado) porque el Sistema de Activación Reticular no funciona para lo bueno o para lo malo, sino que funciona para lo que para cada uno de nosotros es significativo. Esto no necesariamente significa que sea positivo porque, por ejemplo, para una persona que tiene depresión, irónicamente toda la información o situaciones que puedan ser deprimentes las detecta de manera fácil, a modo de sustentar la emoción que tiene o que siente puesto que, en esos momentos, estar en depresión es lo que es más significativo para él.

Una persona que es de naturaleza negativa, en cualquier lugar que se plante o a cualquier persona que se le atraviese, le va a ver las cosas negativas. En el trabajo, si llega con esa idea de ver lo negativo lo va a percibir fácilmente, porque para esa persona percibir lo negativo es significativo y ha desarrollado una impresionante habilidad de percibir lo negativo.

Así también lo opuesto para la persona que es positiva. En los lugares que se plante va a ver cosas positivas, oportunidades, personas, actitudes y todo lo va a detectar de manera fácil porque para la persona positiva ver esas cosas son muy significativas. Y, de nuevo a nuestro Sistema de Activación Reticular no le interesa si lo que deseamos sea bueno o malo. Una vez que declaramos que algo es significativo para nosotros, vamos a percibir eso que consideremos importante o significativo.

En donde se pare, una persona negativa que va con su Sistema de

Activación Reticular en ese tenor va a detectar de forma fácil todo lo negativo. Porque donde nos paremos, siempre vamos a encontrar cosas negativas si así las queremos ver. Pero lo mismo sucede con la persona positiva. Aunque se pare en el mismo lugar en donde se paró el negativo, como para él lo significativo es encontrar todo lo positivo, va a ver una cantidad de cosas positivas, en las personas, en los trabajos, en sus relaciones, en la religión, en la política y en todo. Lo que vemos es lo que estamos dispuestos a ver.

Esta es una de las habilidades que he visto en los detectives de homicidios que se dedican a querer encontrar todas las pistas para leer qué pasó en el lugar del homicidio, y cómo pasó. Al llegar con su Sistema de Activación Reticular alterado, ven cosas que el ojo no entrenado no puede ver, y que el oído no entrenado no puede escuchar. Esta es otra característica clave de nuestro Sistema de Activación Reticular: que va a poner en alerta los 5 sentidos y así podemos sentir, oler, ver, escuchar o saborear con base en lo que declaramos significativo para nosotros.

Establecer metas es declarar un nuevo significado...

Al declarar y formarnos metas ponemos a funcionar muchas cosas, como lo hemos dicho desde el arranque de este Fundamento.

El cerebro hace las cosas de forma diferente porque hemos puesto una definición para percibir las cosas de forma distinta. Y con esta nueva declaración de metas vamos a poner todo el engranaje dentro de nuestra mente de forma efectiva a nuestro favor. Pudiera parecer magia, pero no lo es: solo es poner a nuestra conveniencia las características y las herramientas internas que por default ya estamos utilizando, pero la diferencia es que ahora las vamos a utilizar deliberadamente a nuestro absoluto favor.

Y bien. Ahora vamos a entrar en la parte práctica de lo que es el establecimiento de metas con un poco del "cómo", porque nadie te puede dar el "porqué". Lo bueno es que, si ya tenemos un "porqué" aquí te compartiré un sistema para entender, y unas pistas que te ayuden a inventar el "cómo".

¿Recuerdas el concepto con el que comenzamos este FUNDAMENTO

#5? En caso de que no te acuerdes, ahí te va de nuevo.

"Una ilusión llena de fantasías repetidas, claras y contundentes crean el magnetismo y el impulso para manifestarse en realidad"

En estudios recientes de lo que es la neurociencia, que van de la mano del tema del establecimiento de metas, ha quedado comprobado que cuando se plasma en imágenes o dibujos lo que es el reflejo de nuestra realidad actual, dónde y cómo estamos, y en la misma imagen se plasma el objetivo deseado de hacia dónde queremos llegar y cómo nos vamos a ver, esto tiene efectos científicos que nos cambian todo el esquema mental.

Como lo mencionamos anteriormente, ponemos en movimiento todos los engranes de nuestra imaginación, las emociones de nuestras ilusiones y nuestro genio de la creatividad.

Reiteramos que la idea de la imagen que vamos a plasmar tiene que evocar en nosotros la suficiente energía y estimulación como para que secretemos neuro-químicos para alterar todo en nosotros. Se pueden encontrar muchas recomendaciones para hacerlo, pero nos vamos a concentrar en cuatro pautas o recomendaciones:

PRIMERA PAUTA: AUTO EVALUARNOS (DIAGNÓSTICO)

Consiste en plasmar y aceptar nuestra realidad actual. Pero entre más clara esté la idea de donde estamos, mucho mejor. La importancia de esto es que, si de aquí no sacamos alguna insatisfacción para querer provocar algún cambio en nuestra vida, no nos vamos a estimular. Cierto tipo de insatisfacción de nuestra "realidad actual", canalizada de forma constructiva, nos va a ayudar, y mucho. Y entre más clara (aunque no perfecta) la hagamos con nuestras propias manos, será mejor. Esto nos obliga a pensar y a aceptar que no estamos del todo bien o como quisiéramos estar. Si en lo que plasmamos no está perfecta nuestra propia imagen, dentro de nuestra mente sí estará clara la situación que queremos corregir, y ese es el objetivo. Parte de esta dinámica de plasmar nuestra situación o nuestra realidad actual, es para diagnosticarnos a nosotros mismos. Cabe mencionar un concepto del filósofo griego Sócrates que dice:

"LA VIDA QUE NO SE EXAMINA, NO VALE LA PENA VIVIRLA".

Sócrates

SEGUNDA PAUTA: DEFINIR LA META

Definir la meta es crearla de forma ideal y, al igual que en la Primera Pauta, entre más clara esté la meta, objetivo o propósito, pues mejor, y mejores serán las definiciones. De nuevo te comento que esto no tiene que estar perfecto, pero si claro para ti.

¿Qué es lo que persigues? ¿Qué deseas? ¿Cómo deseas que sea?

¿Cómo se puede definir la meta? Pues mediante las imágenes que van a estimular lo que se requiera estimular de imaginación en tu cerebro. Vale la pena reiterar que las imágenes que vas a hacer, aunque sean en tu mente pero provocadas por el cartel que has hecho, te deben estimular tanto que te van a hacer gravitar hacia esa imagen, por la fuerza que esto ejerce sobre ti. Aquí la clave es que es "para ti".

TERCERA PAUTA: CREER

Aquello que has plasmado, además de evocar las emociones adecuadas, va a provocar una emoción que va a ser fundamental. Esta es, que de verdad creas en aquello que es posible de lo que has diseñado para ti. Tienes que sentir dentro de ti, que realmente crees que es posible. Es aquí donde haces que los engranes y las emociones correspondientes a esto, se activen en función de lo que buscas.

CUARTA PAUTA: PRACTICAR

Cuando en algún deporte profesional, digamos el futbol, se practica lo que le llaman táctica fija, se practica el mismo tiro muchas veces. Lo mismo sucede en este caso. Se necesitan practicar las mismas emociones para hacer que estas tomen raíces en el nivel subconsciente. Esta es la mejor forma: la práctica de las emociones adecuadas.

FUNDAMENTO # 6

DEJA DE JUSTIFICARTE

> *"TOMA TODA LA RESPONSABILIDAD DE TU VIDA EN TUS MANOS Y ALGO TERRIBLE SUCEDE: YA NO HAY A QUIEN CULPAR".*
>
> *Erica Jong*

¡Qué concepto más empoderador, de la escritora británica Erica Jong! Vamos a hablar acerca de lo "empoderador" que es este concepto, y de la relevancia que tiene, para tratar de entenderlo de la mejor manera.

Este fundamento, en particular, implica la idea de dejar de ser una víctima, dejar de culpar a las circunstancias y dejar de protestar. Es otro de los fundamentos claves para el éxito. Aun teniendo la razón para hacerlo (porque legítimamente hayamos sido víctimas de algo o de alguien), aun con esto, no es conveniente quejarse, y por ese lado quiero que veamos la relevancia de lo que será este tema.

Repito que este es otro de los fundamentos clave que habíamos mencionado, por la cuestión del beneficio que nos brinda cuando dejamos de culpar, cuando dejamos de ser la víctima.

La mayoría de las personas, cuando las cosas no salen en su vida como ellos quieren, buscan y encuentran a quién culpar.

Si en el trabajo no tenemos éxito, si no nos dan el ascenso o el aumento de salario, lo primero que muchos tendemos a hacer es buscar las razones equivocadas del porqué no nos dieron ese acenso de posición a nosotros. Lo más común es pronto encontrarle fallas a la persona a la que le hayan dado el ascenso que, según nosotros, merecíamos más que esa persona, por una y mil razones. Incluso es posible que así sea y que efectivamente sí mereciésemos el ascenso más que la otra persona. Pero aun con todas las razones y justificaciones del porqué no nos dieron lo que merecíamos, aun con todas las razones válidas, no nos conviene quejarnos.

Una cosa clave que he leído en varios libros, es que para crecer y para vivir un poco más feliz en la vida, hay que entender y aceptar que la vida no es justa. Nunca lo ha sido y nunca lo será. Así es la vida.

En la selva hay víctimas y victimarios, y hay inocentes que siempre pagan lo que no les corresponde pagar. Son muchas las injusticias que la vida nos pone. Pero aquí es donde viene la conveniencia de saber que, aun teniendo la razón y sabiendo que somos injustamente víctimas, no vale la pena conmiserarse con uno mismo.

Yo he estado en esa situación, al igual que tú y que la mayoría. Y por supuesto que se siente la injusticia y es muy desmoralizante y desmotivante que, a otra persona, que no se merece el ascenso o el aumento o los premios, se los den cuando es uno el que con todos los créditos y méritos nos merecemos lo que le dieron a la otra persona.

Cuando me paso a mí, me dio coraje y rabia, y se me hizo muy injusto, pero después tomé una actitud muy diferente para beneficiarme: lo agradecí mucho, aunque te parezca absurdo.

Te juro que agradecí grandemente que me hayan hecho esa injusticia, esa mala jugada. Como mencioné antes, acepto que sí me dolió, eso no lo puedo negar pues soy humano igual que tú. Pero también reconozco que, de no haber tomado esa actitud distinta y conveniente para mí, independientemente de las circunstancias, quizás no me hubiese animado a hacer las cosas que me llevaron a un cambio en mi vida y, por ende, no estaría en donde estoy ahora (que es mucho mejor que en donde estaba antes de que me hicieran la injusticia). Ahora estoy haciendo lo que más me gusta. Había ido a la escuela para realizar cosas diferentes, en donde fui una víctima legitima. Ahora veo las circunstancias que me empujaron a tomar direcciones y decisiones distintas. Me encuentro acá por esas y otras razones más.

El destino puede llegar a ser injusto, pero también puede ser que, con este tipo de experiencias, lo que nos hace es ver las cosas que antes no hubiésemos sido capaces de ver.

Es como esa fábula de los dos halcones que le regalaron a un rey. Fue un regalo muy especial. Un día, los dejó volar y uno de ellos no regresó a su domador para que este lo metiera en su jaula. Había volado, al igual que el otro halcón, pero en vez de retornar, voló hacia un árbol, se posó en una rama y se quedó allí. Nada lo hacía bajar de ahí para que regresara con el domador del rey.

Hicieron un llamado a todos los habitantes de la comarca para ver quién hacía bajar al ave de esa rama de la que no quería bajar. Nadie lo lograba. El premio eran diez monedas de oro: era un gran premio pues con esta cantidad salía de pobre cualquiera. Cuando el premio subió a quince monedas de oro, llegó un campesino y dijo:

—"Yo estoy seguro de que puedo hacer que el halcón vuele de esa rama".

A lo que el rey contestó:

—"Perfecto. Sabes que, si lo haces volar de la rama, tienes tus quince monedas de oro. Pero no quiero que lo lastimes, porque si se muere el halcón, ¡te mueres tú!".

—"Me queda muy claro, su majestad", contestó el campesino.

Caminó hacia el árbol en donde se encontraba parado el halcón. El ave únicamente giraba la cabeza, como hacen típicamente los halcones, y parecía que era lo único que se movía de su cuerpo. El campesino trepó al árbol por el tronco hasta llegar a donde empezaba la rama en la cual estaba posado el halcón. Allí comenzó a sérruchar la rama, para cortarla. El ave volteó a verlo y abrió los ojos más grandes, como para entender qué es lo que sucedía y por qué razón vibraba la rama. En el momento en que el campesino dio el último jalón a su serrucho, cayó la rama y el halcón voló. Su domador sopló el silbato para llamarlo, y el ave fue a posarse al brazo de su domador, después de haber pasado días parado sin moverse de la rama. El ave solamente remontó el vuelo en el momento en que sintió que la rama se caía, por haber sido cortada.

Muchas veces así nos pasa. Por las circunstancias que vivimos, nos aferramos a una situación, a un trabajo, a un ascenso, a una relación. Y ahí estamos. Aunque podamos volar, no lo hacemos. Hasta que fuerzas mayores vienen y nos cortan la rama donde estamos muy amarrados (¿o podríamos decir muy "arramados"?) y solo hasta que sentimos que de plano ya nos vamos a caer porque nos han cortado la rama, vemos que no hay de otra, más que volar.

Pero si nadie nos corta la rama, no nos movemos. Allí podemos pasar una cantidad de tiempo, y dejar pasar oportunidades. O bien, no nos damos las oportunidades nosotros mismos, porque en la mayor parte de las ocasiones estamos esperando que otras personas nos las den. Y, de nuevo, cuando no nos dan estas oportunidades, solo nos la pasamos quejándonos de las cosas y culpando a las circunstancias.

Retomando el concepto de Erica Jong, la parte en donde dice: "…algo terrible sucede: ya no hay a quien culpar", esto conlleva muchas cosas a nuestro favor. Para empezar, la persona negativa solo desgasta su energía, su vida y su creatividad constructiva en cosas que no le van a llevar a nada, y solo se va a dedicar a estimular lo que es la creatividad negativa. Ya mencionamos que el Sistema de Activación Reticular solo va a percibir las cosas negativas que confirmen su creencia y no las posibilidades, y mucho menos va a permitir el uso del potencial de una manera constructiva. Por otra parte, cuando la persona no deja de culpar a otras personas o a otras cosas, generalmente se ve afectada su salud y la salud de los que le rodean.

Científicamente está comprobado que las personas negativas no solamente se afectan a sí mismas en lo que respecta a su salud, sino que además afectan la salud de quienes les rodean. No hay situación más nefasta que tener que estar cerca de gente que es negativa. Son una contaminación de la buena energía que nos rodea. Siempre es recomendable evitarlos a cualquier costo.

De igual modo, las personas que siempre buscan culpables fuera de sí mismos y nunca son capaces de asumir sus propias responsabilidades, son personas a las que todo mundo detesta. En su trabajo las detestan, en su casa las detestan e irónicamente, ellas mismas se detestan. Pero la mayor parte de las veces, no saben qué hacer. Y si lo saben, están tan acostumbrados a su propia persona que ya solo se dicen a sí mismos —"Ni modo. Así soy yo".

Esto lo decimos como una excusa; pero como dicen, "las excusas solo satisfacen a las personas que las dan".

De esta forma, lo importante y el beneficio mayor de "no encontrar a quien culpar", es para nosotros mismos al darnos cuenta de las oportunidades que tenemos para canalizar de forma constructiva la energía y la creatividad. Al mismo tiempo, nos brinda la oportunidad de sacar el mayor provecho a lo que ya tenemos. Y si podemos tener esa habilidad de detectar una cantidad de cosas negativas en nosotros y en todo el entorno, igual tenemos la habilidad de percibir las cosas positivas, así que empezar por reconocer que tenemos lo que se requiere, solo es dar el giro y ya estamos sacando ventaja, aunque, obviamente, esto no es suficiente para todo lo que necesitamos hacer.

En el libro de T. S. Elliot "The Cocktail Party", que es una comedia, hay una parte en donde una paciente va al psicólogo y en la caricatura esta le dice al doctor:

—"Espero que todo este sufrimiento sea culpa mía"

El psicoanalista le pregunta a la paciente:

—"¿Por qué dice eso señora?"

A lo que la señora le responde:

—"Porque si es mi culpa, puedo hacer algo al respecto; pero si no lo es, ya me fregué porque quizás no pueda hacer nada".

Lo interesante de esta caricatura es que va relacionada al concepto de Erica Jong en cuanto al empoderamiento individual que nos damos al asumir control de lo que está dentro de nosotros. Aunque no seamos culpables de las circunstancias del todo, igualmente tenemos el control de elegir si nos queremos sentir como víctimas y vivir como tales, o como victoriosos.

En las corrientes de la psicología moderna a esto le llaman el Centro de Control (Locus of Control).

De nuevo, la mejor parte de esto es que, al asumir el control de nuestras vidas hasta para lo que no es culpa de nosotros, tenemos y podemos desarrollar la habilidad de influirla de forma constructiva.

Lo genial de nuestro Sistema de Activación Reticular es que nos va a dar un nivel de percepción tal que vamos a poder tener la influencia positiva que queramos sobre aquello en lo creemos no tener control. Y esto, en gran medida, hace que todo mejore. Hasta en circunstancias o asuntos que legítimamente están fuera de nuestro control, de una manera "mágica" logramos influir a para virarlo a nuestro favor.

Generalmente, cuando a la gente le va muy bien parece como que todo el universo se alinea a su favor y las oportunidades empiezan a fluir una tras otra. Cuántas veces no hemos escuchado esta frase acerca de las personas prósperas:

¡Le va bien porque dinero llama dinero!

¿Será eso, o será que el hecho de pensar de una forma diferente hace que las cosas se alineen a su favor, o será solo coincidencia?

No creo que sea coincidencia. Es más probable que sea una consecuencia. La idea es que cuando estás en otro estado anímico, las cosas son, por naturaleza, atraídas a ese nivel. De la misma manera, cuando las cosas no salen bien, el efecto es el mismo, pero al revés, a un grado tal que cuando alguien está pasando por una mala racha, cuando menos se imagina, las cosas se ponen peor, y no por coincidencia, sino por consecuencia.

Y también hemos escuchado esta frase que parece que es la opuesta a la anterior:

—"Todo me está saliendo tan mal en esta mala racha, que ya solo falta que venga un perro y me orine".

¿Mala suerte?

No. No lo creo. Sigo con la creencia de lo anterior: no es una coincidencia, sino que es una consecuencia de los pensamientos dominantes e intensos a los que les damos vida en nuestro nivel subconsciente.

Uno de los párrafos más profundos que he leído en el libro de Napoleon Hill de "Piense y Hágase Rico" es en el cual parafrasea las palabras de William Ernest Henley de su poema Invictus, en el que dice lo siguiente:

"CUANDO HENLEY ESCRIBIÓ SUS PROFÉTICAS PALABRAS QUE REZAN:

'SOY EL DUEÑO DE MI DESTINO, SOY EL CAPITÁN DE MI ALMA',

DEBERÍA HABERNOS INFORMADO QUE NOSOTROS SOMOS LOS DUEÑOS DE NUESTROS DESTINOS, LOS CAPITANES DE NUESTRAS ALMAS, PORQUE TENEMOS EL PODER DE CONTROLAR NUESTROS PENSAMIENTOS.

DEBERÍA HABERNOS DICHO QUE NUESTRO CEREBRO SE MAGNETIZA CON LOS PENSAMIENTOS DOMINANTES QUE LLEVAMOS EN LA MENTE Y QUE, POR ESOS MECANISMOS, QUE NADIE CONOCE BIEN, ESTOS IMANES ATRAEN HACIA NOSOTROS, LAS PERSONAS Y LAS CIRCUNSTANCIAS DE LA VIDA QUE ARMONIZAN CON LA NATURALEZA DE NUESTROS PENSAMIENTOS DOMINANTES".

Napoleon Hill

Estoy mayormente de acuerdo con esto que dice Napoleon Hill en su libro. Todo esto tiene mucho sentido y es una información muy, pero muy poderosa. Pero afortunadamente para ti y para mí la buena noticia es que lo que llamamos neurociencia nos da nueva luz para poder descifrar esta verdad de forma más contundente. Vamos a reescribir y a actualizar el último párrafo, inyectándole los elementos que nos van a dar una mejor claridad y entendimiento.

CONCEPTO ACTUALIZADO DE NAPOLEON HILL:

Debería habernos informado que nosotros somos los dueños de nuestros destinos, los capitanes de nuestras almas, porque tenemos el poder de controlar nuestros pensamientos.

[EN GRAN MEDIDA, TODOS TENEMOS EL PODER DE CONTROLAR NUESTROS PENSAMIENTOS A MENOS QUE TENGAMOS ALGUNA PATOLOGÍA, COMO POR EJEMPLO TRASTORNOS OBSESIVOS-COMPULSIVOS (TOC), O TENDENCIAS SUICIDAS, O DEPRESIÓN CRÓNICA PROFUNDA, PARA LO CUAL ES IMPORTANTE ACUDIR A RECIBIR AYUDA MENTAL. NORMALMENTE, SÍ TENEMOS EL PODER DE CONTROLAR NUESTROS PENSAMIENTOS, SI NO TENEMOS ALGUNA ENFERMEDAD MENTAL].

Debería habernos dicho que nuestro cerebro se magnetiza con los pensamientos dominantes que llevamos en la mente…

[LO QUE CONSTANTEMENTE TENEMOS EN EL NIVEL SUBCONSCIENTE Y EN EL SUBCONSCIENTE CREATIVO, HACE QUE CUANDO DECLARAMOS NUEVOS SIGNIFICADOS, LOS PERCIBAMOS MEJOR, PERO ESTO ES PORQUE SABEMOS ACTIVAR NUESTRO SISTEMA RETICULAR, PARA PERCIBIR MÁS DE LO QUE QUEREMOS PERCIBIR]

…y que, por esos mecanismos que nadie conoce bien…

*[EN LA NEUROCIENCIA YA CONOCEMOS BIEN ESTOS MECANISMOS A TRAVÉS DE LO QUE SON LAS NEUROCONEXIONES. ESTAS SON ESTIMULADAS POR LAS IMÁGENES QUE PROVOCAN NUESTRAS PALABRAS Y, SOBRE

TODO, POR LA INTENSIDAD DE NUESTRAS EMOCIONES QUE CREAN Y FOMENTAN LAS CIRCUNSTANCIAS PARA PROVOCAR LO QUE ESTAMOS PENSANDO]

…estos IMANES atraen hacia nosotros, las personas y las circunstancias de la vida que armonizan con la naturaleza de nuestros PENSAMIENTOS DOMINANTES…

[NO HAY COINCIDENCIAS. EN MAYOR MEDIDA SON CONSECUENCIAS DE LA CALIDAD DE NUESTROS PENSAMIENTOS LOS QUE DETERMINAN LA CALIDAD DE NUESTRAS VIDAS, DE NUEVO POR CONSECUENCIA, Y NO POR COINCIDENCIA].

Generalmente en mis talleres y en mis capacitaciones cuando expongo un concepto relacionado con el tema de no sentirse víctimas, y de estar conscientes de lo que somos capaces de provocar con nuestras maneras de pensar, les comento la siguiente frase:

"TIENES EXACTAMENTE EL TIPO DE VIDA QUE "MERECES", EN TODOS LOS SENTIDOS"

Esta frase les causa a la mayoría de los participantes mucho ruido. Escucharla puede causar bastante incomodidad y yo no fui la excepción. Cuando la escuché por primera vez, también me causó mucha molestia. Pero ahora cuando les propongo esta idea me he dado cuenta de que a la mayoría no les causa mucha gracia, sino que, de hecho, despierta coraje. Primordialmente a los que han vivido por años en circunstancias difíciles reales, no les cabe en la mente que, aparte de que han sido víctimas de verdad, llegue alguien (en este caso yo) y les diga (o por lo menos eso es lo que ellos creen que yo les estoy diciendo):

—"Tu sufrimiento, ¡lo mereces!".

Por supuesto que no es así. No es que de verdad te lo merezcas. Mi idea no es agraviar tu angustia sino, por el contrario, analizar este concepto para que veas el por qué la palabra "mereces" está entrecomillada.

Te reitero que cuando yo escuché esta frase por primera vez, me causó ruido y aunque después me la explicaron ya dentro del contexto, me costó entender qué es lo que hay de fondo en el mensaje, porque nunca me dijeron que la palabra "mereces" estaba entrecomillada.

Así es que, una vez que me puse a reflexionar qué hay de fondo en esto y cuál es el propósito, lo entendí y caí en cuenta de que la idea es evaluar que lo que nosotros hacemos de forma subconsciente (ojo, no conscientemente sino SUBCONSCIENTEMENTE), en la mayoría de las circunstancias lo propiciamos nosotros mismos de forma involuntaria.

Si en algún momento de nuestras vidas fuimos victimizados de forma real, por razones obvias vamos a rechazar la idea que somos nosotros mismos los que propiciamos que nos victimicen otros. Sería absurdo que de forma deliberada favoreciéramos que hicieran daño. Ni de broma pensar eso.

Todos tendemos a auto-victimizarnos, unos más que otros o de forma más crueles que otros. Si tú has sido víctima (al igual que yo y que todos), es seguro que en cierto momento te has conmiserado contigo mismo.

Esto lo hacemos por dos razones fundamentales:

1. Para causarnos lástima a nosotros mismos, pues el auto-consolarnos nos hace sentir bien.

2. Con el fin de utilizar estas circunstancias para lo opuesto y así, con la tristeza que nos causa ser las víctimas, darle la vuelta y convertirlo en el coraje necesario para tomar acción en nuestro beneficio, y decir ¡basta!, ¡suficiente!, ¡no más!, ¡hasta aquí hartaron a su tonto!

Lo que no puede caber en nuestras mentes es cuando por ejemplo alguna persona ha sido violentada en casa por su pareja. Creer en la idea de que uno mismo es el que propicia esta situación, no es fácil; es como decir que uno mismo crea su desgracia, lo cual es muy duro de imaginar para cualquiera.

Pero qué tal si, después de todo, asumes la responsabilidad de lo que te sucede, tengas la culpa o no. Entonces adquieres más poder para hacer algo al respecto. Esto es de lo que se trata, de empoderarse uno mismo para salir adelante, pese a las circunstancias. Sin embargo, esto es más difícil cuando nos aferramos a las injusticias de la vida, al dolor (real o no) de ser las víctimas y a no asumir que nosotros tenemos el poder de cambiar las cosas, independientemente de lo que nos suceda.

Imagínate a Steve Jobs, quien fue rechazado dos veces antes de nacer, y a pesar de eso logró hacer mucho. Él sabía desde una temprana edad en su vida que había sido rechazado por su madre biológica. Cuando su madre se embarazó de su pareja, no se casó y, por pertenecer a una familia muy conservadora, decidió ponerlo en una lista de adopción desde antes de que naciera. Eso sí: la madre biológica quería que quienes lo adoptaran fueran personas de bien, así que lo puso en una lista con requisitos especiales.

Los primeros candidatos para la adopción fueron un par de abogados que sí fueron aprobados por la donadora. Lo que no habían dicho estos primeros candidatos fue que deseaban una niña de tal modo que cuando se dieron cuenta de que había nació un varón, lo rechazaron. Esto ya constituía el segundo rechazo (el primero por su madre biológica y el segundo por los primeros candidatos para adoptarlo).

Este tipo de circunstancias pudieron haber sido suficientes como para que su vida hubiese sido un caos, pero no fue así. Pese a las circunstancias, Jobs se convirtió en lo que él se quiso convertir. No se derrumbó por ser víctima. Convirtió su coraje en éxito, a pesar de haber sido "víctima" real de las injusticias de la vida. Tenía todo para vivir amargado, como muchos lo hacemos. Pero si él supo darse la oportunidad de no dejarse llevar por las circunstancias, que eran totalmente válidas y suficientes como para ser una víctima, ¿por qué no lo podemos lograr tú y yo? ¿Crees que sean válidas tus excusas o las mías? De nuevo, evaluemos lo que nos dice la frase:

"TIENES EXACTAMENTE EL TIPO DE VIDA QUE "MERECES", EN TODOS LOS SENTIDOS"

Recuerdo un día en que, en un programa de radio que se llamaba "La Hora de los Triunfadores" y que se emitía en diferentes ciudades de los Estados Unidos, el tema giraba alrededor de esta idea de las víctimas y los victimarios. Ese día nos llamó una radioescucha de Chicago y nos contó su experiencia:

—"Hace tiempo estuve en una relación que duró seis años con la persona con quien vivía, y lo dejé porque ya no aguanté ser víctima de violencia familiar. Luego entré a otra relación en la que aguanté únicamente tres años porque también era violentada. La cuestión es que ahora tengo catorce meses en una nueva relación, pero veo que va por el mismo camino y creo que voy a ser de nuevo, víctima de la violencia. Lo que no entiendo es por qué razón me sucede a mí esto".

Le contesté con una pregunta:

—"¿Te has puesto a pensar que quizás seas tú la que propicia las condiciones para que te sucedan estas situaciones?"

Me contestó muy alterada, y no se me olvida lo que me dijo:

—"¡Qué cosa más absurda y ridícula! ¿Quiere usted decir que yo merezco que me vayan a golpear otra vez, o que merecía que me golpearan antes o, peor tantito, que me gustaba?"

—"Por supuesto que no es que te guste. Eso no es lo que dije. Lo que te estoy preguntando es si te has puesto a pensar que, sin hacerlo conscientemente, seas tú, la que propicia que te sucedan estas situaciones".

Aquí cabe de nuevo señalar el concepto de Napoleon Hill que ya vimos anteriormente, sobre todo en esa parte que tiene mucha relación con lo que hace diez años o más se promovía en la película y en el libro de "El Secreto". Napoleon Hill escribió en su libro:

"Atraemos hacia nosotros (ojo) LAS PERSONAS y LAS CIRCUNSTANCIAS que armonizan con NUESTRAS IDEAS DOMINANTES".

El punto de este FUNDAMENTO es lo siguiente:

PUDISTE HABER SIDO VICTIMIZADO POR ALGO O POR ALGUIEN, PERO ESTO NO ES UNA CONDENA PARA VIVIR VICTIMIZÁNDOTE POR EL RESTO DE TU VIDA...

Lo que quiero es que evaluemos que tenemos más control de las circunstancias de lo que nos imaginamos y que, independientemente de que hayamos sido víctimas de algo, aceptemos que el dolor de una experiencia, aunque haya sido muy real, pasa para que después tomemos el control del sufrimiento al entender que éste, es opcional.

FUNDAMENTO # 7

CÓMO Y POR QUÉ EXPANDIR NUESTRA ZONA DE CONFORT

"EN DONDE TERMINA NUESTRA ZONA DE CONFORT, VIVEN EL MIEDO Y EL CRECIMIENTO DE FORMA ARMONIOSA".

Juan L Rodriguez

En una ocasión en un servicio religioso, la persona que oficiaba la ceremonia increpó a los asistentes:

"Levanten la mano lo más alto que puedan, los que quieran irse al cielo, y por unos segundos déjenla arriba para contarlos".

Todo mundo levantó su mano al momento, como si hubiesen practicado por mucho tiempo la dinámica.

Luego les cambió la pregunta:

"Ahora, levanten la mano todos los que quieran morirse".

Los congregados llevaban el brazo a media levantada, porque habían escuchado la primera parte de la frase "levanten la mano…, sin esperar a que la terminara, pero cuando escucharon "…los que quieran morirse", como si les hubieran puesto un fierro candente en las axilas, bajaron el brazo a velocidad de rayo.

Obvio que todos queremos la gloria de ir al cielo, tanto por lo que lo hemos "glamourizado", como por lo que nos han hecho creer que es. Y puede que sí lo sea; no lo estoy cuestionando. Aun siendo el cielo un deseo para el 99% de nosotros, no es que tengamos mucha urgencia por llegar allá porque, obviamente, eso implica la muerte, y el miedo al morir es más real que el gozo de ir al cielo. La cuestión es ¿por qué?

Para explicarlo, una teoría dice que todos hemos conocido directamente a alguien (o a muchos) que han muerto, pero nadie conocemos de forma directa a alguien que haya ido al cielo. Puede que así sea. Pero analicemos la idea de que todos conocemos el miedo y al mismo tiempo nos relacionamos de alguna forma con el crecimiento: la inquietud es que, si nos relacionamos con las dos cosas, y las conocemos, ¿por qué (no todos, pero sí la gran mayoría) seguimos con miedo a crecer?

Esto es el porqué de esta frase:

> "DONDE TERMINA NUESTRA ZONA DE CONFORT, VIVEN EL MIEDO Y EL CRECIMIENTO DE FORMA ARMONIOSA".
>
> *Juan L Rodriguez*

Un día escuché al psicólogo Jordan B. Peterson decir lo siguiente:

> "¿QUÉ HACES PARA MEJORAR? ¿QUÉ HACES PARA NUTRIR TU CRECIMIENTO PERSONAL?".
>
> *Jordan B Peterson*

Pero yo pienso que quizás la primera pregunta tendría que ser: ¿por qué hacerlo? ¿y en qué quieres o puedes mejorar como persona?

Una respuesta llana, directa y lógica podría ser:

"Para que no sufras de manera tonta y absurda más de lo que tengas que sufrir, y para que tampoco las personas que te rodean sufran".

La automejora y el desarrollo personal no son una simpleza: el solo hecho de pensar en el crecimiento personal en sí, tiene que ser una ventaja. Porque la verdad es que, si no nos desarrollamos constantemente, sufriremos en nuestras vidas y los que nos rodean también sufrirán.

Probablemente podrías decir:

—"¡A mí no me importa la mejora personal!".

Pero me es difícil creer que no te importe. Cuando tomas en cuenta las cosas que deseas para ti, y las cosas que deseas para los que te rodean, entonces te vas a dar cuenta que sí te importa. Sabrás que sí te importa tu crecimiento personal.

Es posible que lo puedas exponer de forma diferente, por decir algo como:

—"No sé cómo ir más allá de donde estoy".

Puede que sientas que estas en el tope de tu nivel de competencia. Pero esto definitivamente no implica un:

—"¡No me importa!".

Solamente hay que entender que, ir más allá de tu nivel de incompetencia actual, ese es otro tema.

Ahora. ¿En dónde está lo profundo de lo que dice Peterson?

En el ser incompetentes, pues esto nos lleva a nuestra frontera de lo que es nuestra zona de confort y a lo que es ir más allá. El no sentirnos competentes, por naturaleza nos va a provocar miedo y este miedo, como un mecanismo de defensa, nos detiene en el umbral de donde sentimos que estamos amenazados de hacer o de ser algo que no somos.

Esto es normal, como decía mi mentor Lou Tice:

> *"ES NORMAL SENTIR MIEDO. LO QUE NO ES NORMAL ES QUEDARSE ATEMORIZADOS".*
>
> *Lou Tice*

Y bien. Donde termina nuestro nivel de competencia no significa que ahí también termina nuestro potencial. Son dos cosas muy diferentes. Y es en esto, junto con la idea de Peterson, en lo que vamos a trabajar.

Durante los últimos diez años he trabajado con siete equipos profesionales de futbol en México, y algo que he visto en repetidas ocasiones es que, cuando traen del extranjero a jugadores con muchas habilidades y con mucho potencial, ya han comprobado sus competencias para que sean un éxito dentro del futbol mexicano. Sobre todo, cuando vienen jugadores de Sudamérica (Brasil, Argentina, Colombia, Uruguay y Ecuador), vienen más que comprobados en cuanto a sus capacidades.

Sin embargo, y para su desgracia, no tienen la habilidad de asumir con anticipación la nueva zona cómoda ambiental en este "nuevo ambiente", de modo que, aun teniendo el potencial comprobado y validado, aun estando en el lugar correcto para jugar (un campo de juego profesional) y aun teniendo los incentivos necesarios (tales como buenísimos salarios y excelentes bonos), la mayoría de estos jugadores no logran quedarse; y para muchos de ellos no queda duda de su compromiso. De nuevo, no hay duda de sus capacidades, ni de sus habilidades, ni de su entrega. Lo que sí se sabe es que, al no tener la habilidad de asumir las nuevas oportunidades dentro de su nivel subconsciente, este no les da las oportunidades de fluir como lo saben hacer.

Es como cuando tienes la necesidad de ir al baño. Es casi una emergencia de vida o muerte y tú estás en un teatro o estas en algún estadio y tienes una gran urgencia de ir al baño (porque cuando la naturaleza dice es ahora, es ahora). En estas circunstancias, te metes a la primera puerta de baño que encuentras (porque el llamado de la naturaleza ofusca la claridad), y cuando ya estás dentro te das cuenta de que no estás en el baño que te corresponde. Escuchas que se abre la puerta, voces de mujeres que van entrando juntas, (casi nunca llega una mujer sola al tocador), y es entonces cuando te das cuenta de que entraste al baño de mujeres. Y entonces ya no puedes hacer lo que tenías que hacer, por el miedo de que se puedan dar cuenta de que allí hay alguien que no debería estar allí, y lo único que sientes ahora es la urgencia de querer salir lo más rápido posible, e irte a donde según tu "perteneces", donde es "tu lugar".

Al igual que en el ejemplo de los futbolistas, tienes la habilidad para ir al baño, lo has hecho miles de veces toda la vida, tienes el potencial, lo sabes hacer bien, y sin embargo no lo haces, ¿por qué?

Simplemente, porque no estás en tu zona de confort, no estás donde crees que perteneces, y ni aunque tuvieras el premio a la tranquilidad podrías hacer lo que tienes que hacer. A esto se le llama una "zona cómoda restrictiva", de las cuales tenemos miles y miles. Y es por causa de esos límites, que por razones que no del todo entendemos, no nos atrevemos a usar nuestro potencial, aun sabiendo que lo tenemos.

Ahora, esto de no pertenecer, de no estar en tu zona cómoda ambiental, no viene de tu nivel consciente, sino que viene de tu nivel subconsciente.

Para nuestra mente, es un mecanismo de defensa: al no estar del todo seguros de qué es lo que nos va a hacer desempeñarnos en nuestro máxima habilidad y por el hecho de siempre estar en donde nos sentimos cómodos, nuestro subconsciente, a través de nuestro diálogo interno disuasivo, nos dice que salgamos de donde estamos, porque no pertenecemos allí y porque no somos dignos de estar en ese nivel, ya sea porque es muy bajo o muy alto con respecto a nuestro estándar de vida, o a nuestra auto-imagen, cualesquiera que sea el estándar para cada uno de nosotros.

Lo mismo les sucede a los niños cuando los inscriben al Jardín de Niños. Si nunca antes han estado ahí, el hecho de dejarlos (o querer dejarlos), los hace sentir fuera de su zona de confort y van a querer regresar a "donde pertenecen". Aunque les hables de lo bien que se la van a pasar y de los helados que les vas a comprar por aguantar y a pesar de todos los incentivos que les prometas, no logras que ellos sientan como que pertenecen ahí. Por razones evidentes, esto no solo sucede con los chicos en las escuelas, sino que nos sucede a todos.

Como en el caso de los deportistas, si ellos no se ven con mucha anticipación, y asimilan la nueva ciudad o el nuevo país y el nuevo equipo a donde van, y si no asimilan el nivel de desempeño que les corresponde antes de estar ahí, no van a poder hacer lo que ya saben hacer bien. Lo mismo sucede cuando estamos en el baño equivocado: aunque tengamos la necesidad, el potencial y los incentivos, si no asimilamos que pertenecemos ahí, no fluirán nuestras habilidades como generalmente fluyen cuando estamos en nuestro ambiente natural.

Hay quienes cantan, y cantan muy bien, pero lo hacen solo cuando están en la regadera de su casa. Y de buenas a primeras van a donde hay un grupo de dos mil personas y le piden que haga lo que ya sabe hacer (cantar), y lo hace muy bien. Pero si se siente fuera de su zona de confort, no va a poder cantar frente a la gente. El asunto es que sí sabe hacerlo, y bien; pero si a nivel subconsciente cree que ese lugar no es el lugar donde le corresponde hacer lo que sabe hacer, va a ser torpe y no va a poder hacerlo. Va a sentir que se le aflojan las piernas, las manos le sudarán, el estómago se le hace un nudo, o siente que tiene muchas ganas de ir al baño… y todo esto no es otra cosa más que su creatividad disuasiva diciendo "¡Sal de aquí y ve a donde perteneces, a tu zona cómoda!". Te brota mucha creatividad cuando no quieres estar donde crees que no perteneces, y esa creatividad que se te viene es creatividad negativa que no es conveniente para ti. Esto es solo un mecanismo de defensa.

Si no estás acostumbrado a estar en una mesa de gran etiqueta, y ves ante ti dos vasos, tres platos, cinco cubiertos y dos copas de cristal, pero tú no te ves allí, te vas a incomodar (aunque sea algo que hayas deseado). Tu zona cómoda o incomoda no se refiere a si estas muy por arriba o muy por abajo de lo que es lo acostumbrado para ti; simplemente sientes que no perteneces allí, y vas a criticar todo. Irónicamente, la gente lo va a notar. Como cuando te ponen a hablar en público y no estás acostumbrado, tu voz va a cambiar, tus axilas van a sudar mucho, tu lenguaje corporal estará diciéndolo a gritos:

—"¡Sáquenme de aquí! ¡Este lugar no es para mí!"

Cuando nuestra mente siente que nos encontramos en un sitio del que no nos sentimos parte, estamos más propensos a cometer errores.

Lo bueno es que eso tiene remedio. Te comparto a continuación una anécdota personal que puede darte una parte de las respuestas.

Cuando mi hija tenía escasos dos años de edad, en uno de sus chequeos generales, su médico me dijo que debía programarle una cita en el laboratorio para que le hicieran exámenes de sangre. Me agendaron la cita para después de diez días, y este margen de tiempo me dio la oportunidad de practicar con ella una dinámica consistente en amarrarle un elástico en el brazo y ponerle un pellizco en la piel en donde generalmente están las venas de donde extraen la sangre. Por diez días practicamos más de treinta veces todo el proceso de lo que iba a vivir en el laboratorio con la sacada de sangre, desde cuánto le iba a doler, cómo se iba a ver la sangre y, en fin, hicimos toda la visualización de forma lúdica para que la asimilara como tal. Hasta que por fin llegó el tan esperado día. Varias veces en ese mismo día repetimos la dinámica. Cuando llegó la enfermera, hizo todo tal y como lo habíamos practicado. Habíamos logrado que lo tuviera en su nivel subconsciente, al grado de que fue muy divertido para ella porque fue tal y como lo habíamos practicado. Nunca se sintió fuera de su zona cómoda, lo que generalmente es raro que le suceda durante estas experiencias a un niño de menos de 3 años. La enfermera, sorprendida, me dijo:

—"¿Que su hija no es normal?"

—"¡Claro que sí! ¡Solo que practicamos todo lo que iba suceder y por eso no le sorprende lo que le pasó!"

Como premio le dieron el triple de calcomanías (que, por cierto, todavía no sé por qué a los niños de esas edades les encantan las calcomanías).

El punto que hay que asimilar de la historia que te compartí de mi hija, es que no importa si tienes 8 ó 80 años, o los que tengas, si eres estudiante en potencia, o si eres deportista profesional, lo importante es que, si asimilas lo que vas a hacer y expandes tu zona de confort, visualizando de la manera más lúdica posible lo que tengas que asimilar, las probabilidades de hacer las cosas mejor aumentan de forma drástica y a tu favor. Se puede hacer practicando con las emociones correctas pero, sobre todo, asimilándolas. Viéndote fluir en donde te vas a desempeñar. Eso hace que asimiles "la realidad" con anticipación, tal y como le hacen en la NASA cuando entrenan a los astronautas para los futuros viajes al espacio. Practican miles de viajes en los simuladores, antes del viaje real. Son miles de experiencias antes de saber cuáles son las que vas a enfrentar. Y entre mejor asimiles las emociones, incrementan las posibilidades de que fluyas con base en tu potencial.

Como decía mi maestro Lou Tice:

> "MÁS IMPORTANTE QUE LO QUE SABES, ES LO QUE USAS DE LO QUE SABES EN CIRCUNSTANCIAS RARAS Y DIFÍCILES".

Lou Tice

La efectividad de no estar fuera de tu zona cómoda tiene mucho que ver con tu auto imagen y tu auto estima. Si te sientes y si te ves bien donde tú crees que perteneces, tu desempeño va a ser en ese nivel.

Si te vas a cambiar de casa, de vida, de país o de lo que sea, una vez que interiorizas (no que visualizas, sino que interiorizas a través de lo que visualizas una y mil veces) entonces todo fluye desde tu nivel subconsciente de manera eficaz.

¿Cómo te sentirías si te digo que el ampliar nuestras zonas cómodas no solo es un concepto psicológico, sino que es también un consejo bíblico?

¿Lo sabias?

¡Pues tampoco yo!

Me puse a investigar diferentes formas de entender lo que son las zonas de confort. No solo las ambientales, sino también las económicas, espirituales y de otros tipos. Cuando veía a un conferencista que citaba cómo y dónde se encontraba escrito algún consejo, me daba a la tarea de investigar, aun cuando el conferencista no hubiera dado todos los detalles. Me puse el reto de encontrarlo dentro de la Biblia y logré encontrarlo y corroborarlo tal y como lo había dicho el conferencista. Se encuentra en Genesis 12:1 y dice así:

"EL SEÑOR LE DIJO A ABRAHAM: DEJA TU PAÍS, A LOS DE TU RAZA, Y A LA FAMILIA DE TU PADRE, Y ANDA POR LA TIERRA QUE YO TE MOSTRARÉ"…

No es cualquier cosa dejar todo tu ambiente, dejar tu país, tu familia, tus amigos y todo lo que te rodea; pero al mismo tiempo, dentro del consejo viene una inyección de confianza y de fe, pues en la parte final del consejo dice …"y anda por la tierra que yo te mostraré".

Naturalmente, esto no solamente implica tener que vivir de las esperanzas, sino de la seguridad de que vas a encontrar lo que sientes que mereces.

Aquí podemos agregar lo que dijimos anteriormente, no como un consejo sino como un concepto psicológico de nuestro Sistema de Activación Reticular que es que, cuando confiamos en que vamos a ver lo que estamos preparados para ver, lo vamos a detectar de manera muy fácil, gracias a que tenemos toda la disposición de hacerlo. Por esa razón, las personas que mantienen esta mentalidad de que aun cuando estén explorando lo desconocido sienten que van a encontrar lo que buscan, lo encuentran porque lo encuentran.

De tal manera que, si no aceptas el concepto psicológico de ampliar tus zonas cómodas ambientales y emocionales por ser eso, un concepto psicológico, entonces acéptalo por ser un consejo bíblico. Y si, además, tienes la capacidad de usar las dos cosas (que es por supuesto muy válido), entonces más pronto te darás a la tarea de poder lograr el avance que quieres en cuestión de crecer tus zonas cómodas de manera constructiva.

FUNDAMENTO # 8

EL DIÁLOGO INTERNO: NUESTRO MEJOR ALIADO… O NUESTRO PEOR ENEMIGO

"LA POLILLA DE TUS SUEÑOS Y ASPIRACIONES ES ESA CONSTANTE DUDA QUE TU MISMO NUTRES".

Juan L. Rodríguez

Me gustaría que dimensionaras los siguientes datos que a mí en lo personal me impresionaron.

Dice el escritor, humanista, filósofo, ministro y sanador estadounidense Paul Solomon que, en estudios confirmados por él, las personas comunes (como tú y como yo) cargamos con 75% y en ocasiones hasta con un 90% de diálogos internos contraproducentes, auto-críticos, negativos, debilitantes, auto-denigrantes e, incluso, de incredulidad, con respecto de nuestras habilidades para lograr el éxito en el futuro.

Al tener una conversación continua dentro de nosotros, ¿te imaginas qué es lo que esto hará en todos los sentidos? ¿Tienes una idea de cómo esto afecta nuestra auto-imagen, nuestra autoestima, nuestra creatividad y nuestra energía?

De todos los FUNDAMENTOS que hemos examinado en este libro, creo que este es la base. Este involucra mucho lo que es la psicolingüística. Independientemente de las metas que busques, o de si quieres obtener logros o no, el solo hecho de tener la habilidad de controlar tus conversaciones internas tiene todo que ver con tu salud, con tu energía y con tus habilidades. Más que fundamental, esta parte es imperativa.

—En su taller acerca del Diálogo Interno, Paul Solomon, también agregó:

"NO PODEMOS DEJAR DE HACER AQUELLO QUE NO SABEMOS QUE ESTAMOS HACIENDO".

Paul Solomon

Imagina la importancia de las dos cosas que menciona Paul Solomon. Por un lado, estoy seguro de que tiene mucha razón, y sí creo que la mayoría quizás no sabemos que estamos llevando este tipo de conversaciones internas que nos están debilitando o imposibilitando constantemente. El segundo aspecto es que, aunque el 90% llevamos conversaciones internas contraproducentes, lo más seguro es que lo hacemos porque no tenemos conciencia de que lo hacemos y, como dice Solomon, "no podemos dejar de hacer lo que no sabemos que estamos haciendo".

¿Recuerdas cuando hablamos de la EFICIENCIA SUBCONSCIENTE?

Creo que somos muy eficientes y nos hemos hecho muy expertos en el diálogo interno, pero, para nuestra mala suerte, creo que en lo que somos más expertos es en el diálogo interno negativo.

¿Por qué razón creo esto?

Está plenamente comprobado que desde que estamos en el vientre de nuestras madres estamos acumulando información. No obstante, lo que más vamos acumulando son emociones, por el motivo de que aún no somos seres racionales y de lo único que nos valemos, es de las emociones. Sin embargo, también hay algo de información que vamos guardando. El único problema es que hasta que tenemos cerca de ocho años es cuando empezamos a racionalizar las cosas y de ese momento en adelante vamos a ir discerniendo poco a poco, y más y más. Antes de eso ya nos hicimos unos expertos en el diálogo interno porque esto fue lo que nos rigió desde antes de nacer. Espero que esto que te voy a decir no sea alarmante, sino relevante: este diálogo interno nos rige por el resto de nuestra vida.

También vamos a tomar en consideración las conversaciones que llevamos dentro de nuestro "subconsciente". Aunque tenemos conversaciones internas en nuestro nivel consciente, es importante también analizar las conversaciones internas que llevamos en el subconsciente.

¿Cuántas veces estamos conscientes de que tenemos un plan y lo vamos masticando de forma consciente pero dentro de nuestra mente? Esto sucede muy frecuentemente y a esto yo personalmente le llamaría "conversaciones internas funcionales". Por otro lado, las conversaciones más profundas que surgen o que llevamos desde el nivel consciente son aquellas que ni siquiera "del todo" controlamos, y escribo "del todo" entre comillas porque, aunque parezca imposible, todavía tenemos injerencia, y parte del cómo hacerlo es lo que hemos abordado. Este es uno de los más grandes retos que tenemos para poder hackear nuestro cerebro.

Te voy a dar un ejemplo de cómo llevamos la "conversación interna consciente" y la "conversación interna subconsciente".

¿Cuántas veces te ha sucedido que quieres decir el nombre de un actor o de una canción o de una película y en ese momento se te hace imposible recordarlo? Y nos decimos por lo regular:

"Espera. Te voy a dar el nombre de la canción. Solo déjame recordarlo".

Hacemos todo el esfuerzo consciente y hasta cerramos los ojos para ver si nuestra "conversación interna consciente" nos da la respuesta. Pero ya nos habíamos dicho: "Espérate porque se me olvidó".

Sin embargo, una vez que dejas de hacerlo de forma consciente y te pones a hacer otra cosa, hackeas tu subconsciente. Y, cuando menos lo esperas y cuando menos te lo imaginas (de hecho, puedes estar ya en otro tema y llevar otra conversación interna y externa) ¡surge como magia! Y no es magia. Lo que sucede es que hackeaste tu cerebro. Lo mismo les sucede a los empresarios, cuando tienen enormes retos a solucionar y llevan sus retos con ellos las 24 horas para poder solucionarlos y, cuando menos lo esperan, las respuestas saltan como liebres. Puede ser que tengan empleados más capacitados o preparados, pero estos solo están medio-activos durante las horas que se programaron para trabajar; y si solo están en su empleo ocho horas, serán funcionales solo por esas ocho horas, a menos que les den un gran incentivo.

En el tiempo que tengo asesorando a los equipos profesionales de futbol en México y en Estados Unidos, me ha tocado corroborar lo poderoso y lo perjudicial que pueden ser el control o el descontrol del diálogo interno. De nueva cuenta no nos referimos al diálogo interno consciente, sino al subconsciente, al que nos debemos dar a la tarea de hackear por la gran conveniencia que esto tiene. Como dijimos desde el principio de este libro, ya tienes los ingredientes. Ya has hackeado tu cerebro muchas veces, pero tal vez no sabías de forma consciente que lo habías hecho, ni cómo lo habías hecho, ya que hackeaste tu propio nivel subconsciente de forma consciente. Todos ya lo hemos hecho y hemos utilizado las técnicas de forma esporádica y sin saberlo. Pero ¿qué tal hacerlo de forma metódica? ¡Imagina todo el beneficio que le vamos a sacar! Pero primero hay que entender qué es nuestro diálogo interno.

Seguro que recuerdas esas caricaturas clásicas en las que aparece una persona que trae un diablillo en un hombro hablándole al oído insistentemente para que haga lo que éste considera una travesura o algún pecadillo; y en su otro hombro aparece un angelito hablándole al oído y dando también consejos acerca de alguna decisión, para que la haga de la manera en que corresponde. Y allí está la persona con el diablillo y el angelito en los hombros, hablándole los dos al mismo tiempo, y tiene que tomar una decisión de la situación, aunque a él mismo le parezca algo trivial.

Bueno, pues en verdad esta caricatura no está muy lejos de la realidad de lo que traemos dentro de nosotros. Es posible que no sea solo un diablillo sino decenas de estos personajes, o por lo menos hay momentos en que así parece. Estoy seguro de que lo hemos vivido, por las cosas que nos pasan en nuestro "diálogo interno", que es esta intensa conversación que todos llevamos dentro (en mayor o menor grado, pero absolutamente todos la llevamos). Aquí lo interesantes es saber qué clase de "conversación interna" llevamos, y cuál es la calidad de esta conversación.

El meollo del asunto es que estas discusiones, en la mayoría de las ocasiones, son las que van a determinar la calidad de vida, los fracasos o los aciertos que tenemos, quiénes somos y qué hacemos o qué no hacemos. Va mucho más allá de un diálogo. Como decía don Miguel Ruiz en su libro "Los 4 Acuerdos", más que un diálogo, llevamos un buen "mitote" interno.

Según estudios recientes de las mejores universidades, (Stanford, Yale y Harvard) los seres humanos tenemos de 80 mil a 120 mil pensamientos que cruzan por nuestra mente a diario. Y estamos hablando de pensamientos, no de palabras.

Y nos podemos preguntar: ¿quién las contó?

No lo sé. Lo que sí sé es que todo este flujo de palabras y pensamientos pasan por allí, pero no pasan por pasar. Cada una de estas palabras y pensamientos tiene algún efecto en nosotros. Recalco: cada uno de los pensamientos y cada una de las palabras tienen un efecto. Yo incluso creo que son más de 120 mil pensamientos por día, y de la mayoría de ellos no estamos conscientes. De la gran mayoría.

Quizás también tú has tenido la oportunidad de ver la película "El Secreto". En esta película también aseguran que tenemos más de 80 mil palabras o pensamientos diariamente.

Debido a que me dedico a la capacitación de gente de alto rendimiento, me di a la tarea de investigar esto por mi cuenta. Lo hice más que nada para corroborar la existencia de la fluidez de las palabras dentro de nuestra mente. Y no solamente lo corroboré, sino que, además, reconfirmé otro punto que es aún más importante que la cantidad de palabras.

Te preguntaras ¿qué fue, y cómo lo hice?

Te voy a platicar cómo lo hice primero, pero además te recomiendo que lo intentes también tú, no solo para que lo corrobores, sino para que, además, entiendas qué es lo que nos pasa con todo esto de la "conversación interna". Lo haré a través de ejemplos.

Siempre he tendido a ser un poco bromista, y voy a describir parte de algunos experimentos que he llevado a cabo con mis conocidos (y en ocasiones hasta con desconocidos), para que, si deseas, los hagas también tú.

Si estás con algunos amigos o conocidos, y alguno te pide que les tomes una fotografía con su celular, cuando se lo estés regresando te recomiendo que tomes el teléfono por la parte de abajo y, en cuanto sientas que ellos lo tocan, jalas el celular hacia abajo como si a ellos se les estuviera cayendo. Verás la cara que pondrán y las reacciones que tendrán.

El mismo experimento hago con aquellas personas que todavía usan cámaras fotográficas tradicionales (todavía hay algunos que las usan, aunque ya son pocos con tanto celular tan actualizado). A las cámaras les cuelga un cordón o listoncillo que se usa para colgártela de la muñeca por si se te llegara a caer. Pues cuando alguien te pida que les tomes una fotografía, asegúrate primero que tienes bien puesto el cordón en tu muñeca y no la saques de ahí, y cuando se las regreses, haz la finta de que, en cuanto la tocan, tú la sueltas, con la intención de que ellos sientan que la cámara cae al piso, y verás la reacción. La última recomendación que te hago es la siguiente: haz estos experimentos con cuidado, para que, si no te salen, no me culpes a mí por no saber hacerlos.

Este último ejemplo es el más delicado. En una fiesta o en una reunión, le llevas una copa de vino a algún amigo o, mejor aún, a alguna amiga. En cuanto sientas que puso los dedos en la base de la copa, con todo con disimulo le das un jaloncito a la copa hacia abajo para que sienta que la soltaste antes de tiempo, y verás la cara que ponen.

Aquí está la parte más interesante, que es lo que en verdad pude comprobar con estos experimentos, pero sobre todo con la última de mis malvadas recomendaciones.

Cuando les he preguntado a mis víctimas qué sintieron cuando les jugué la broma, lo que típicamente me ha contestado la mayoría es que se imaginaron que el artículo se les caía y se les rompía.

En el caso de la copa de vino, vieron en su mente pedazos de vidrio roto por todas partes, imaginaron el vino por el piso o manchando la alfombra, vieron cómo el vino salpicaba sus zapatos caros o sus vestidos de gala y, lo peor de todo es que se sintieron muy mal de lo ridículos que se iban a ver por todo lo que les sucedió. Estamos hablando de que les pasaron cientos de palabras por el nivel subconsciente, decenas de imágenes y una variedad de sentimientos, en una fracción de segundo. Sí: en una fracción de un segundo.

Las víctimas de los celulares me han contado que se imaginaron que todos los datos que tenían en el celular estaban en riesgo, las fotografías que perderían, lo desconectados que se sentirían sin poder usar su teléfono, lo complicado que sería reemplazar el teléfono, y todos los gastos que esto pudiera implicar. De nuevo, estamos hablando de fracciones de segundo. Ni siquiera de segundos, sino de fracciones de segundo.

Aquellos con los que hice el experimento con las cámaras me han contado que les ha dolido imaginarse que se rompe la cámara y que pierden todas las memorias de esos momentos únicos que no se podrán repetir, y me dicen lo especial de esos momentos y la cantidad de emociones que evocan y de imágenes que repiten en su mente de forma impresionante. De nuevo, todo esto en fracciones de segundo. No son solo las imágenes que se cruzan, ni las emociones, sino la cantidad de palabras que te hacen reaccionar como reflejos. Y eso es algo que estamos haciendo de forma subconsciente todo el tiempo.

Vale la pena entender que por nuestra mente fluyen como por un río enorme, una cantidad de palabras, imágenes y emociones. Ese enorme río se ve calmado y pareciese que no sucede nada. Sólo cuando el río entra en zonas rocosas es que vemos su majestuosidad o cuando el agua cae por una vertiente en forma de cascada. Lo que antes se veía muy tranquilo provoca una enorme energía. Y precisamente de esto es que se trata este FUNDAMENTO: de provocar que toda esa fuerza de nuestro diálogo interno que está siempre controlándonos, la entendamos mejor y le saquemos el mayor provecho.

Una característica única de la gente de alto rendimiento (por ejemplo, los deportistas que gracias a su profesión tiene que tomar decisiones de manera periódica en fracciones de segundo), es que generalmente dominan muy bien sus habilidades y tienen un impresionante diálogo interno, muy positivo. Sin embargo, muchos de ellos no se dan cuenta de que, cuando entran en malas rachas, lo que los domina es el diálogo interno negativo y este, de forma subconsciente, les crea imágenes que hacen que se comporten y actúen más con base en esa imagen interna que viene del nivel subconsciente, que con base en el deseo consciente de lo que quieren lograr. En ocasiones no se dan cuenta de que entran en un ciclo que perpetúa los malos resultados con base en lo que ellos, de forma subconsciente, se siguen repitiendo.

Ahora bien. Ellos están en una situación en la que tienen un diálogo interno muy intenso, y si este (de forma subconsciente) se enfoca en lo mal que las cosas están saliéndoles, no se dan cuenta de que están perpetuando, en un ciclo, lo mal que están haciendo las cosas. Si, por ejemplo, son beisbolista y les toca ir a su turno de bateo, aunque no quieran se viene a su mente esa racha de resultados negativos. Y si la nutren, aun de forma inconsciente, seguirían cometiendo los mismos errores. No nos damos cuenta de que hay una conexión fisiológica entre lo que pensamos y cómo actuamos.

Como ejemplo, esta podría ser una conversación interna típica de un beisbolista que pasa por una mala racha:

—"He estado fallando, pero esta la pego".

—"Ya no voy a fallar".

—"Me he estado mirando muy mal cuando fallo".

—"Me hace sentir muy mal el fallar".

—"Por mi culpa ha perdido el equipo".

—"No me puedo dar el lujo de fallar".

—"Ya he fallado mucho"

—"No puede ser que siga fallando"

Y ¿qué crees?

¡Que seguirá fallando! En uno de mis más recientes viajes a México escuché una frase que tiene mucho sentido.

"DONDE SE PONE LA ATENCIÓN, SE PONE LA INTENCIÓN".

Si el beisbolista le pone atención a su mala racha, lo único que hará es que la perpetuará. ¿Dónde pone la atención el pobre? En la escasez, en lo que le falta en lo que está viviendo, y lo reafirma y lo reconfirma con las canciones que oye y las telenovelas que ve y con todo lo que se permite a sí mismo que le rodee.

¿En qué piensa el que está en un estado depresivo? En todas las razones que lo tienen en ese estado de depresión, y escucha y platica y se rodea de todo lo que le deprime.

¿Qué escucha el que está perdidamente enamorado? Todo lo que confirme su estado; oye canciones, ve gente enamorada, siente que todo a su alrededor es amor... ¡y nada más!

¿En qué piensa el rico y próspero? En todo lo que le representa riqueza, y pareciera que todo lo que le rodea va en ese tenor: los amigos, las conversaciones, las intenciones.

Como puedes ver, la idea es que una vez que pensemos en lo que pensemos, y le demos la atención subconsciente, eso es lo que vamos a perpetuar. No son cuestiones de suerte; es cuestión de las intenciones que programamos en nuestra forma de pensar. Pero, otra vez, lo que perpetuamos con nuestro diálogo interno, es lo que nos ayuda a hackear a nuestro cerebro, directamente a nuestro nivel subconsciente.

Psicológicamente es normal el hecho de que nos estanquemos en los círculos de lo que pensamos, y con esto es con lo que atraemos lo que deseamos. Pero desde los niveles profundos donde de verdad deseamos de forma intrínseca lo que deseamos y no solo de manera superficial (igual si eres futbolista, empresario o una persona espiritual, o lo que hagas), si somos capaces de ver qué calidad de lenguaje interno manejamos o si éste nos maneja, eso estará directamente relacionado con los resultados que nos rodean.

— Hace varios años escribí la siguiente frase:

"CUANDO DEJAS ABIERTA LA PUERTA DE LA DUDA, EL FRACASO ENTRA SIN PEDIR PERMISO Y SIN ANUNCIARSE"

Juan L Rodriguez

¿Recuerdas que, por un tiempo, a todos los comentaristas deportivos les sobraban las críticas hacia la Selección Mexicana de Futbol? La razón fue que varias veces, en momentos claves, algunos jugadores fallaron penales. El problema no es que los hayan fallado: Messi los ha fallado, Cristiano Ronaldo los falló, Roberto Baggio en un juego mundialista clave los falló. El problema con los "críticos" fue que ellos siguieron perpetuando "la debilidad" de la Selección y con ello les sembraron a los jugadores en el subconsciente, quieras que no, la duda de sus capacidades. Ahora tuvieron que hacer esfuerzos extras, como lo cuentan varios de los jugadores, de practicar miles de veces más los penales para incrementar la seguridad al volver a tener la oportunidad. Sin embargo, yo creo que, si hubiesen incrementado la seguridad trabajando más en el diálogo interno, en lugar de practicar mil penales pudieron haber practicado solo diez, porque no era la habilidad para anotar penales lo que fallaba. Ya sabían lo que era: el problema fue la idea de haber perpetuado e inyectado la duda de forma indirecta a los jugadores.

He tenido la oportunidad de trabajar con siete equipos de futbol profesional en México, y en ocasiones he encontrado algunos jugadores que no se desenganchan cuando las cosas les salen mal, y estos errores les impiden aprovechar oportunidades, no porque no lo puedan hacer, sino porque de forma subconsciente a la hora de jugar se les viene la imagen y sobre todo la emoción de cuando fallaron.

Irónicamente, aunque tengan la oportunidad de anotar un gol, prefieren de forma subconsciente pasar el balón a alguien más (aunque este otro posiblemente tenga menos oportunidades que él) pero la idea y la preocupación son no volver a cometer el mismo error. Por lo tanto, para asegurarse de no cometer de nuevo el mismo error, una de las formas más seguras es no intentarlo. De nuevo, como lo hemos dicho antes, en situaciones de este tipo cuando no tenemos nuestro diálogo interno bien dominado, lo que nos llega es la emoción disuasoria, y entonces… "TOMAMOS DECISIONES PARA NUESTRO FUTURO BASADAS EN LAS EXPERIENCIAS DEL PASADO, NO EN LAS POSIBILIDADES DE LO QUE SE PUEDE HACER".

La gente que tiene un mejor control de su diálogo interno lo que hace es que, cuando pasa por algún fracaso, lo temporaliza, no lo nutre y rápido se recupera. No permite que éste manche las posibilidades de triunfo de su futuro. No les tiene miedo a los tropiezos. Su sentido rápido de recuperabilidad le da un atributo clave, que es la resiliencia.

El factor clave para incrementar este atributo de la resiliencia es el dominio de un diálogo interno más asertivo, saber temporizar los tropiezos y entender y aceptar que vamos a crearnos más y mejores oportunidades.

Aquellos que tienen un diálogo interno negativo, perpetúan los fracasos y por eso se estancan en esas rachas negativas que no les permiten salir de su pantano; y cada vez que le van inyectando esa emoción adversa, se va creando un lodo más viscoso, que más nos atora en medio del pantano y entramos en ese ciclo negativo que nos va hundiendo.

Una conferencia que me gustó mucho por el impacto positivo que sentí en mí, fue impartida por Andrew Bennett, mago, conferencista y capacitador, que lleva más de cuarenta años utilizando la magia para dar sus charlas. En esta plática que le escuché, y que se llama "La

Magia de las Palabras", cuenta que cuando recién inició la carrera de la magia, que fue mucho antes empezar la carrera de las conferencias y capacitaciones, le llamó mucho la atención que él no quería utilizar la palabra común que utilizan todos los magos cuando van a revelar el resultado de su acto: pasan la mano por encima de la caja o del sombrerito y todos los magos dicen ABRACADABRA.

Bennett comparte en su charla que a él se le hacía cursi utilizar esta expresión, pero que en el gremio le decían que era parte del argot. Cuando él les preguntaba por qué, solo le contestaban que simplemente era como cualquier otra característica que identifica una profesión, pero la explicación no llegaba más allá. Le llamó tanto la atención, que se dedicó a indagar cuál era el origen de la expresión ABRACADABRA. La buscó por todos lados, y no encontraba nada hasta que fue a parar al Departamento de Lingüística de una de las universidades más prestigiosas de los Estados Unidos, el Massachussets Institute of Technology (MIT por sus siglas en inglés).

Allí le dijeron que, de acuerdo con lo que pudieron indagar, encontraron que el origen de esta palabra provenía de un lenguaje ya casi extinto, mucho más antiguo que el mismo hebreo, proveniente del lenguaje arameo, que de hecho se cree que es el lenguaje en el que hablaba Jesucristo.

Pero lo interesante del caso es el significado que tiene la palabra ABRACADABRA, esta palabra que dicen los magos. De acuerdo con la etimología de la palabra, significa:

"LO QUE EXPRESO, ES LO QUE MANIFIESTO"

Lo interesante del caso es que en los estudios más recientes hay varias corrientes psicológicas que ahora hablan de la rama de la psicolingüística, la neuro-lingüística y la psico-neuro-lingüística, y otra cantidad de cosas. Pero como los eruditos ponen sobre papel lo que según ellos investigaron, se convierte en la novedad cuando, en la simplicidad del entendimiento del concepto es donde está la profundidad de sus beneficios.

La razón del por qué resaltar de nuevo esto, es para confirmar aquello que comentábamos de las malas rachas de los deportistas y de las personas de alto desempeño. Los estudios e investigaciones más recientes de la psico-neuro-lingüística actualizan este mismo concepto.

Otro punto que resalta Andrew Bennett es la importancia de estar consciente de la calidad de las palabras y entender si están en la frecuencia de un lenguaje transformador, creativo, innovador y generador, o si pertenecen a un lenguaje interno que solo crea palabras y emociones limitantes y degenerativas.

Su interesante charla la cierra con 5 recomendaciones muy buenas:

1- SÉ CONSCIENTE DE TUS PALABRAS LO MÁS QUE PUEDAS. ANALIZA SI ÉSTAS SON CREATIVAS O SI SON LIMITANTES.

2.- MONITOREA NO SOLO TU DIÁLOGO INTERNO, SINO TAMBIÉN LO MÁS QUE PUEDAS, TU DIÁLOGO EXTERNO QUE ES LA EXTENSIÓN DE LO QUE LLEVAMOS DENTRO.

3.- TRATA DE USAR PALABRAS QUE TE LLEVEN AL FUTURO QUE DESEAS CREAR Y, OBVIAMENTE PARA ELLO, LO NECESITAS CREER.

4.- CUANDO NO LOGRES VER LOS RESULTADOS QUE ESPERAS, EVALÚA LAS PALABRAS QUE USAS.

5.- ES IMPORTANTE TODO EL TIEMPO ESTAR ESCRIBIENDO, PLASMANDO EN PAPEL CON NUESTRAS LETRAS Y NUESTRA MANO, EL FUTURO QUE REALMENTE QUEREMOS Y VAMOS A CREAR.

Andrew Bennet

Al fin de la charla, cerró con un colofón muy interesante acerca de la palabra PROSPERIDAD que viene del latín y que es una palabra c ompuesta por PRO que significa hacia y SPERIDAD que significa esperanza. La palabra completa quiere decir "MOVERSE HACIA LA ESPERANZA".

— No sé si has tenido la oportunidad de escuchar quién fue Nikola Tesla.

En lo personal creo que fue el inventor y científico más relevante que ha habido en la Historia. Para darte una idea, fue cien veces más sobresaliente que Tomas Alba Edison. ¿Te puedes imaginar eso? Al final de los años 1800, Tesla era empleado de Edison. Sin embargo, Edison percibió una amenaza en Tesla porque éste quería que sus descubrimientos beneficiaran a la humanidad y no deseaba que solo sirvieran para el enriquecimiento de unos cuantos. Por darte un ejemplo, fue el inventor del radio (Marconi, quien se adjudicó la patente, se la robó, y esto está comprobado), de los Rayos X, de la telefonía celular al inicio de siglo XX (1920), de la electricidad inalámbrica y de las barras de luz blanca. Todo esto fue invento de Tesla, pero representa una parte mínima (que es lo que usamos ahora). Por esta razón la historia, que en gran medida es manipulada, no le dio el crédito que merece. Fue hasta recientemente, en los últimos quince años, que se le han empezado a reconocer sus impresionantes descubrimientos. Podríamos seguir hablando de él, pero la única razón por la que te menciono a Nikola Tesla es porque este personaje se adelantó más de doscientos años a la tecnología, al grado tal de que lo que él proponía a finales del siglo XIX, es ahora una realidad. Como estaba demasiado adelantado, se dieron a la tarea de juzgarlo de loco, para borrarlo de la historia y manipular intereses como lo hacen todavía unos cuantos. El tema es que cuando alguien está muy adelantado a lo que es conveniente, puede que no se le acepte del todo, porque sus teorías no pueden registrarse en la realidad que enfrentan.

Esto mismo le pasó a una excelente persona, el doctor Shad Helmstetter, de quien tuve la oportunidad de leer su libro. Este es uno de los libros que más han impactado mi vida, y me estoy dando a la tarea de volver a entenderlo. Este libro, que nunca he podido conseguir en español, se llama:

"WHAT TO SAY WHEN YOU TALK TO YOURSELF".

Shad Helmstetter

que en español sería algo así como "QUÉ DECIR CUANDO TE HABLAS A TI MISMO".

Más allá de títulos, y relacionando este libro y a su autor con Tesla, para mí el doctor Shad Helmstetter se adelantó casi 50 años a su época de manera tal que todo lo que viene en su libro, que está relacionado con el diálogo interno, está tomando actualmente una relevancia muy grande en el mundo de la psicología moderna.

Tal y como lo mencionamos en la Introducción, cuando debatíamos acerca del nombre que le pondríamos a este libro (ya que ahora existe la idea que todo tiene que ser "SOFISTI-COOL"), lo que Shad Helmstetter dice en su libro, lo están planteando en los "nuevos estudios psicológicos". Y entrecomillo este concepto porque de nuevos no tienen mucho, pero para poder adjudicarse el crédito, ahora le ponen títulos como el que mencionamos anteriormente, y otros tales como PNL (Psico-neuro-lingüística), Neuro-plasticidad, y otra "nueva idea", la neuro-génesis. Si quieres, puedes darte a la tarea de dar una revisada a todas estas corrientes. Nunca está demás.

Curiosamente el fundamento de todas estas nuevas corrientes es el mismo del que hablaba el Dr. Helmstetter en su libro. Me parece bien que lo corroboren y si les parece más apetecible con este nuevo nombre, mejor aún. Estoy seguro de que la idea de todo el mundo (incluyendo la mía) es solamente encontrar la manera o la forma en que los conceptos sean atractivos para ti. Esto es como las religiones: la mayoría lleva el mismo fundamento, y el propósito es que, si la religión en la que estás te hace una mejor persona, entonces es una religión buena porque está cumpliendo con su objetivo.

Vamos a retomar ahora uno de los puntos claves del libro de Shad Helmstetter, y a trabajar en el siguiente concepto, y cómo lo aplicas a tu vida:

"EL SUBCONSCIENTE NO SABE LA DIFERENCIA ENTRE LO QUE ES REAL Y LO QUE SE IMAGINA INTENSAMENTE COMO REAL. TAMPOCO JUZGA LO QUE ES BUENO O LO QUE ES MALO; NO SABE DE BROMAS, SOLO ASUME LAS COSAS TAL Y COMO SE LAS DICE UNO, DE FORMA LITERAL".

Shad Helmstetter

Una palabra que me enseñaron es que el subconsciente es un SERVOMECANISMO. Al subconsciente no le importa si las cosas que nos decimos con emoción una y otra vez son buenas o son malas. Simplemente hace su trabajo, que es que aquellas cosas que hemos interiorizado por la intensidad o la repetición de las emociones que invertimos en ellas, se hagan realidad.

Algo que es reflejo del diálogo interno que llevamos, es la música que escuchamos. La música nos programa y nos reconfirma la programación que tenemos en el subconsciente.

Para seguir con el ejemplo de las palabras que decimos a nuestro subconsciente, muy frecuentemente, cuando cometemos algún error o cuando algo no nos sale bien, tendemos a decirnos a nosotros mismos que somos unos brutos; inclusive llegamos a manifestar expresiones aún más duras, tales como llegar a decirnos que somos ¡un imbécil, un baboso! A veces nos decimos todas estas palabras juntas, y más, cuando es obvio que el error lo cometemos sin querer.

Aunque no lo creas, esto tiene efectos adversos en nuestras emociones, en nuestra autoimagen y en nuestro desempeño. En los talleres que he impartido, cuando les comparto esto a los participantes, hay algunos que no logran ver la importancia del concepto o no lo aceptan, y solo responden:

—"Pues eso me lo he dicho toda la vida, y no creo que este tan mal".

Posiblemente tengan razón. Puede ser que no estén tan mal. Lo que yo sí sé es que podríamos estar mucho mejor si nos aplicáramos y entendiéramos lo que es el lenguaje inductivo, éste que usamos dentro de nuestra mente y que muchas veces de forma automática se refleja en las cosas que nos decimos, o peor tantito que les decimos a los seres queridos que nos rodean.

Otro concepto de extrema relevancia y conveniencia del libro de Helmstetter, es el siguiente:

"EL VIEJO PROGRAMA CONTROLA TODOS LOS HÁBITOS, Y ESTOS VIEJOS HÁBITOS SIEMPRE NOS VAN A QUERER DOMINAR".

Shad Helmstetter

Cada vez que concebimos la idea de un cambio, y hacemos planes y nos motivamos lo suficiente para arrancar, una de las cosas que vamos a enfrentar es la lucha con los viejos hábitos que, por naturaleza, van a querer dominar.

La idea es entender que dentro de nosotros está el esquema de cómo funcionamos, de manera fluida y sin mayor esfuerzo. Una vez que tenemos esto dentro de nuestro patrón mental, si queremos cambiarlo, el mismo subconsciente como un mecanismo de defensa, va a querer regresar a la idea anterior, como era antes. Si escucháramos lo que dice nuestro subconsciente cuando no quiere cambiar y hace todo lo que está en su poder para no hacerlo, sería algo así como: "más vale malo por conocido, que bueno por conocer".

Pero esto no es otra cosa más que ese diálogo disuasorio para no lograr el cambio. Funcionando con el viejo programa, cada que buscamos el cambio, evocamos una cantidad de lenguaje denigrante contra nosotros mismos, y todo eso con el objetivo de evitar el cambio. Nos creamos miles de razones para no salir de la idea que tenemos, y todo esto viene en una vertiente de ideas sutiles y muy subliminales. Aquí lo que nos conviene entender es que es muy normal tener este "mitote" del subconsciente cuya única tarea es no aceptar el cambio. Debemos entender que todo esto es normal y que algunas de las cosas que cambian los viejos programas de nuestro subconsciente es el cambiar lo que vemos y cuestionar lo que entendemos como "realidad".

Otro detalle es que mientras más cerca estemos de querer lograr algún cambio, más intensos se vuelven los pensamientos negativos y las ideas restrictivas por nuestra simple naturaleza que a toda costa quieren evitar el cambio.

Algo que nos va a ayudar mucho en esta lucha en contra del diálogo interno, es que necesitamos rodearnos de un ambiente y gente que practique el idioma que queremos aprender. Ser positivos es como querer aprender otro idioma. El asunto es que estamos con esta idea de desaprender, lo cual no es del todo posible. Más que desaprender, debemos procurar el dominio de una mejor conversación interna, dedicarnos más a re-aprender este nuevo lenguaje de la eficiencia y eficacia, y del cambio positivo.

Otra cuestión relevante que menciona el Dr. Helmstetter en su libro es la siguiente:

> *"LA MAYOR PARTE DE LA PROGRAMACIÓN QUE HEMOS RECIBIDO ESTÁ EQUIVOCADA. HASTA MÁS DEL 75% DE LO QUE NOS FUE GRABADO O QUE ALMACENAMOS EN NUESTRO SUBCONSCIENTE, ES CONTRAPRODUCENTE. POR ESTA RAZÓN, NUESTRO SUBCONSCIENTE TRABAJA EN CONTRA DE NOSOTROS MISMOS, ES DECIR, NO ESTAMOS PROGRAMADOS PARA EL ÉXITO. SÍ PODEMOS RE-PROGRAMARNOS. PODEMOS REEMPLAZAR CREENCIAS VIEJAS, NOCIVAS, CONTRAPRODUCENTES HACIA NOSOTROS MISMOS, POR IDEAS MÁS SALUDABLES, POSITIVAS Y CONSTRUCTIVAS, E INCLUSO ES POSIBLE EL REEMPLAZO DE TODO LO VIEJO. LA CLAVE ES APRENDER A HABLARNOS A NOSOTROS MISMOS DE UNA MEJOR MANERA".*
>
> *Shad Helmstetter*

Si solo dimensionáramos para nuestras vidas una sola idea de este párrafo del libro de Helmstetter esta sería que viéramos como si estuviéramos en una balanza, donde lo negativo es tres veces más pesado que lo positivo. ¿Hacia dónde crees que se inclina nuestra balanza?

Obviamente está muy cargada hacia el lado negativo. Por esta razón, cada vez que nos lanzamos a la conquista de los cambios, para muchos es como ir cuesta arriba con un costal lleno de piedras en la espalda. Aun teniendo el potencial para hacerlo, con todo lo que se tiene en contra, llega el momento en que el cansancio es tan grande, que por eso la mayoría de nosotros nos rendimos. Pero eso no sucederá más ahora que sabes que todo el diálogo interno que nos quiere detener se puede cambiar por el diálogo interno que nos va a empujar de forma constante.

Para cerrar este FUNDAMENTO, hay un concepto que me gustaría bautizar, y es el hecho de creer que mantenemos una mentalidad babélica. No sé si la palabra babélica existe en el término en la que la voy a proponer aquí, pero a lo que me refiero es a que la cantidad de conversaciones internas que mantenemos, además de que muchos no estamos del todo conscientes de que son contraproducentes, negativas, desgastantes, etcétera, se suscitan muy frecuentemente y son muy confusas. ¡Si solamente fueran el diablillo y el angelito hablándonos uno de un lado y el otro del otro lado! ¡Pero tal parece que por el lado de lo negativo no tenemos un diablillo sino una legión! Son abrumadoras las ideas evasivas, denigrantes y negativas para muchos de nosotros. Analicemos esto a la luz de los datos que proporciona Paul Solomon al inicio de este fundamento. Solo hay que ver los números de nuevo: entre un 75% y un 90% de nuestras conversaciones internas, están siempre trabajando en nuestra contra. Y eso sin tomar en cuenta el otro dato de Solomon que dice que NO PODEMOS DEJAR DE HACER LO QUE NO SABEMOS QUE ESTAMOS HACIENDO.

Ahora, ¿cuál es la ventaja en estos momentos?

Que ahora que ya sabemos qué estamos haciendo, entonces sí podemos dejar de hacer aquello que sabemos que nos está afectando.

Esto lo logramos al reconocer que:

Primero: Tenemos una conversación interna, nos guste o no, que ahora entendemos.

Segundo: Que el saber que en gran medida sí podemos influir esta conversación interna, y evaluarla, nos hace más capaces de poder modificarla.

Tercero: Que el uso de nuestro potencial depende en gran medida de la habilidad para poder controlar estas conversaciones internas.

Por último, les quiero compartir una metáfora, que en mis talleres ha sido una de las favoritas puesto que se relaciona con este tema en particular.

Cuenta una leyenda de los indígenas de Norte América, que llegó un joven con uno de los sabios ancianos de la tribu a consultarlo acerca del porqué le ganaban sus malos pensamientos, y le pregunta al anciano:

—"Maestro, ¿por qué me siguen ganando los pensamientos negativos cuando quiero hacer lo bueno?"

Dice el sabio anciano:

—"Tus pensamientos son como si en tu mente tuvieras dos lobos, uno blanco y uno negro, y decidieras siempre alimentar solo al lobo negro. Le das todo lo mejor. El lobo negro come su carne y lo único que le deja al lobo blanco son las sobras, huesos y pellejos. Tienes al lobo negro en una jaula muy grande y este tiene la oportunidad de merodear por todo el espacio, hace ejercicio, corre, brinca, en fin, está en condiciones más que perfectas, mientras que el lobo blanco esta reducido a una jaula solo un poco más grande que su cuerpo, muy restringido, muerto de hambre, extremadamente débil y sin nada de músculos. En contraparte, el lobo negro está muy fuerte, lleno de energía y de músculos. Si los pones a pelear, ¿cuál crees que tiene todas las probabilidades de ganar?".

Contesta el joven guerrero:

—"Pues, por las condiciones en que están ambos, naturalmente el lobo negro".

—"¡Exactamente! Pues es lo mismo con tus pensamientos. Tú mismo has dicho que dudas de ti. Siempre estás nutriendo tus pensamientos negativos; siempre estás alimentando a un lado más que al otro. Es natural que te ganen la duda, los pensamientos negativos, los miedos y todo lo que alimentas con la forma en que piensas".

De modo que está en nosotros la forma de controlar nuestro diálogo interno. Este es el alimento de nuestra confianza, de nuestras habilidades, de nuestras oportunidades que buscamos para el futuro.

NOTAS FINALES

Tal como lo decía mi mentor Lou Tice.

"PRIMERO VIENE LA META, LUEGO SE PERCIBE"

Lou Tice

Ya estudiamos este concepto, más allá de solo anotarlo como tal. Ahora, es cuestión de no solo verlo como algo atractivo, sino como algo funcional, gracias a que ya entendemos lo que hay dentro de nuestras capacidades para ponerlas en función. No es solo por cuestión de añadidura, sino que es cuestión de hacerlo con intención, y entender realmente lo que activamos y lo que funciona dentro de nuestra mente.

El saber qué queremos es como entender qué tipo de programas sacar de nuestro sistema. Con seguridad ya nos hemos dado cuenta de que hay una cantidad de archivos que hay que borrar (DELETE): tenemos archivados registros que no solamente quitan espacio, sino que nos estorban para reprogramar. Quizás ya es hora de HACKEARNOS a nosotros mismos y actualizar los programas.

Más allá de la lectura de este libro, vamos a iniciar el proceso de reprogramarnos.

Si no has empezado a poner en práctica los FUNDAMENTOS durante la lectura del libro, entonces una vez que termines de leerlo, inicia con lo más importante, que es tomar acción.

Te reitero que los FUNDAMENTOS tienen un cierto orden, que es el sugerido. Es posible que ya hayas llevado a cabo algunos FUNDAMENTOS en tu propio orden, y si así te han funcionado, pues que bien. A final de cuentas, el objetivo es proporcionarte el proceso y un sistema que sea efectivo y funcional para ti.

Al mismo tiempo, espero te hayas quedado con muchas inquietudes. Irónicamente mi idea no era darte las respuestas y esto, créelo, es para tu propio beneficio y te explico el porqué:

En primer lugar, como lo dijimos antes y lo reiteramos, yo no sé cuáles son tus inquietudes individuales, esto en el caso de que tú ya sepas cuales son; y en el caso de que tú todavía no lo sepas, estos FUNDAMENTOS en muchas ocasiones sirven precisamente para eso, para darte la idea y la claridad de lo que pueden ser tus objetivos personales.

Aquello a lo que tú le vas a llamar TU ÉXITO, solo te compete a ti, por tu propio bien. No es conveniente que sea yo o cualquier otro autor quienes te demos tus respuestas. Esas las tienes tú, dentro de tus programas o de tu ADN que es donde vas a encontrar todo lo que se necesita; por tantos programas negativos, quizás sea cuestión de HACKEAR a tu propio cerebro para sacar de allí tu potencial. Lo que sí es factible, es que te podamos dar ciertas opciones para propiciar que tú vayas encontrando las respuestas y los objetivos que son importantes para ti.

Como también mencionamos, mi compromiso personal es creer y crear un trato contigo para apoyarte e impulsarte a que tengas más inquietudes, pero que tengas también las ganas de ir tú mismo por las respuestas, lo cual tiene varios beneficios, y todos a tu favor.

Cuando tú eres el que encuentra una respuesta sucede lo que en cuestiones psicológicas llaman, "un punto de discernimiento". En palabras más comunes esto significa que a ti se te prende el foco, o que te cayó el veinte, y esto te empodera mucho más que si alguien te da cualquier respuesta que andes buscando.

Estos FUNDAMENTOS son la guía para que tu armes lo que gustes armar, pero también vamos a incluir un plan que explica la forma en la que se pueden utilizar mejor las piezas y sacar provecho de las herramientas de las que otros ya han sacado mucho beneficio.

En este manual de "Hágalo Usted Mismo" quiero provocar que

tengas una satisfacción personal y, créelo esta satisfacción va a ser más grande porque fuiste tú el que se ha ido armando de manera personal. Esto simultáneamente te hace creer más en ti mismo para que logres capitalizar más tus aptitudes y tu potencial. Una parte de todo este ensayo era para eso, para que creas más en ti mismo.

Otra razón para no darte las respuestas y propiciar a que tú las descubras, es que esto te provoca más un sentido de pertenencia de lo que sea que te hayas dado a la aventura de indagar o descubrir dentro de ti. Cuando tenemos ya un sentido de pertenencia, luchamos más por lo que viene dentro de la misma línea de lo que perseguimos. Por esta razón desde niños nos ponen los himnos nacionales en las escuelas primarias, secundarias y preparatorias para ir creando un sentido de pertenencia a la patria, que no es otra cosa que programarnos. De esta forma, cuando salimos de nuestra patria, nuestro sentido de pertenencia es tan profundo que nuestra patria no sale de nosotros, y así, cuando estas en el extranjero y vuelves a escuchar tu himno nacional, te vuelve a evocar esas emociones positivas, precisamente por ese sentido de pertenencia que tienes. Y esto, por supuesto, posiblemente no le suceda a todo a todo mundo, pero sí a la gran mayoría.

Así que, reiteramos, el hecho de no darte las respuestas del todo no es otra cosa más que apuntarte hacia donde tú las puedes encontrar, para despertar y fomentar en ti el sentido de pertenencia en lo más profundo, de manera que cuando estés fuera del elemento, lo sigas sintiendo. También es con la intención de crear la satisfacción de que te pertenece, y lo atesoras porque te hace sentir el logro de tú haberlo conseguido. Al final de todo, te sientes empoderado porque estos elementos esta alineados ya a tu favor.

Y en cuanto a los 8 FUNDAMENTOS para hackear tu cerebro y, sobre todo a la aplicabilidad de estos, hay que recordar que en gran medida es como cocinar y crear un pastel (una torta). Algunas de las claves no tienen que ir en el orden cronológico o en el proceso en las que están pautadas aquí, pero si hay ciertos pasos fundamentales, como por ejemplo la primera pauta.

Si nos enfocamos en el propósito del ejemplo o metáfora del pastel, hay decenas de razones por las que se puede querer cocinar un pastel.

Supongamos que tú eres el panadero.

¿Para quién quieres hacer el pastel? ¿Para un cumpleaños? ¿O lo quieres para un bautizo? Quizás es para una graduación. Puede que sea para una cena de aniversario, o para una boda.

Es importante recalcar que, aun teniendo todos los ingredientes necesarios para el pastel, (como son tus capacidades que ya has corroborado, así como los instrumentos para lo que quieres cocinar o crear) no querrás llegar a un bautizo con un pastel de boda, nada más porque sabes cocinar y solo te pidieron un pastel, pero no te especificaron qué tipo de pastel se requería.

Así también imagina llegar a un aniversario de bodas con un pastel de graduación.

Por esto es por lo que continúo con la idea inicial de que hay que saber qué quieres y a dónde quieres llegar.

El horno en el cual vas a hornear el pastel, ¿sabes a qué temperatura debe estar, y por cuánto tiempo tienes que tener el pastel ahí?

Porque con los mismos ingredientes del pastel puedes hacer galletas, pan, pasta, biscochos y, una variedad de cosas.

Por eso la clave es fundamentar la primera pauta antes que todas las demás y esta pauta es LA VISIÓN.

¿Qué quieres? Y, antes del ¿qué quieres? debemos reenfocarnos y validar el ¿por qué? queremos lo que queremos.

Y aquí vale la pena de nuevo mencionar el concepto de Nietzsche:

> *"AQUEL QUE TIENE UN PORQUÉ PARA VIVIR, PUEDE ENFRENTAR TODOS LOS CÓMOS".*
>
> *Friedrich Nietzsche*

Esta siempre va a ser, sin lugar a duda, la recomendación que es conveniente que esté por delante, para siempre mantenernos en la jugada. De otra manera sería como si ya tuviéramos el auto listo para un largo viaje, con todo revisado, el motor en orden, llantas para rodar por 6 mil millas, aceite, frenos, refacciones, presupuesto para la gasolina que se va a consumir en las 6 mil millas y, en fin, absolutamente todo listo... Pero si no sé para dónde voy, si no tengo un mapa claro y preciso del destino que voy a alcanzar entonces, ¿de qué me sirvió tener todo lo demás listo?

Si sé que son 6 mil millas de ida y vuelta de Los Ángeles a Nueva York, desde antes de que arregle el auto lo voy a acondicionar para esa distancia. Por eso es clave saber, antes que todo lo demás, mi destino, mi visión, mi meta, mi objetivo, mi propósito porque así estoy haciendo lo que quiero hacer.

Imagina que tienes un avión listo para salir, pero solo tiene combustible para mil millas de distancia. Obviamente que no te alcanza para ir a Nueva York si estás en Los Ángeles: eso solo te alcanzaría para ir de San Diego a San Francisco, en un viaje de ida y vuelta, y para ello no necesitas un avión, pues con una avioneta te alcanzaría, y no necesitas gastar tanto como con un avión que está capacitado para ir a una distancia de 6 mil millas ida y vuelta.

Pero ¿qué tal si estás en Los Ángeles y quieres viajar a Dubái con el avión que tienes, que está casi a 17 mil millas? ¡No te va a alcanzar con el de 6 mil millas!

Por eso la importancia de saber cuál es tu visión, tu destino, tu objetivo final. Porque, como piloto, te preparas de acuerdo con esa distancia, haces tu plan de vuelo y todo con lo que cuentas está en función de la distancia. Y sabes que hay pilotos que así lo hacen. Y si tú fueras piloto de una avioneta empiezas por crear horas de vuelo y de ahí aspiras a crecer en tus capacidades para eventualmente hacer tus viajes de un extremo del país al otro, y después de un continente a otro. Sabes que siempre tienes que empezar por saber el destino que quieres alcanzar. Con base en el destino es la preparación, y con la preparación viene todo lo demás, como por ejemplo el tomar acción, el hacer los estudios necesarios, y el poner las horas de vuelo, luego el venderte a ti mismo, como dijimos antes, pues es necesario venderte la idea para que tengas la energía de constantemente saber por qué quieres ir al lugar al que quieres llegar.

En fin. Muchas cosas van a caer en su lugar una vez que sepas qué es lo que quieres, hasta dónde quieres llegar. Tus capacidades te pueden llevar lejos: estás dotado de un avión mental para que vayas más allá de los continentes de este mundo, pero el avión en tu mente no se va a mover si no sabes a dónde quieres llegar, por qué quieres llegar, con quién quieres llegar.

Todo el mundo queremos volar, alcanzar sueños, lograr metas… Los que lo hemos hecho, los que ya hemos alcanzado algunas de estas metas o hemos volado y nos encanta volar, nos despierta la idea de seguir soñando, de seguir volando, de seguir proponiéndonos distancias más lejanas para seguir explorando las posibilidades de tierras distantes, de lugares exóticos, paradisiacos, únicos. Así, en la mente los podemos crear con la idea de metas altas, sabiendo que un mundo de posibilidades está a nuestro alcance y hay que marcar el plan de vuelo y atreverse a volar…

Dicen que el éxito no es un destino, que es un viaje. Yo te digo que el éxito sí es un destino y es algo más: es la anticipación del viaje. Disfrutas cuando compras el boleto, disfrutas cuando estás montado en el avión, disfrutas cuando aterrizas en el lugar deseado y disfrutas regresar a tu punto de partida, para planear el siguiente viaje, aún más lejos, aún más SOFISTI-COOL.

De eso se trata la vida.

¡BUEN VIAJE!

RECURSOS Y REFERENCIAS

INTRODUCCIÓN

Maslow, Abraham; "Motivación y Personalidad", 1954

Ruiz, Don Miguel; "Los Cuatro Acuerdos: Una Guía Práctica para la Libertad Personal", 1997

FUNDAMENTO # 1 LA VISIÓN

Swift, Jonathan; "Pensamientos en Varios Temas" 1745

Heráclito, filósofo griego. 540 AC

Tice, Lou;   "A Better World, a Better You" 1989

Lipton, Bruce; "La Biología de la Creencia", 2005

FUNDAMENTO # 2 TOMAR ACCIÓN

Jung, Carl; "La Sicología del Inconsciente, Obras Completas", 1912

Byrne, Rhonda; "El Secreto", 2006

FUNDAMENTO # 3 APRENDA A VENDER CONSTANTEMENTE, Y A COMPRAR CONSCIENTEMENTE

Belfort, Jordan; "El Lobo de Wall Street", 2007

Tice, Lou; "Personal Coaching for Results", 1997

Daly, Chuck; "Daly Life: Every Step a Struggle; Memoirs of a World Champion Coach"

FUNDAMENTO #4 SÉ EFICIENTE, DE FORMA SUBCONSCIENTE

Lipton, Bruce; "La Biología de la Creencia", 2005

Tice, Lou; "Personal Coaching for Results", 1997

FUNDAMENTO# 5 ESTABLECER METAS AMBICIOSAS

Rodriguez, Juan; Lifecoach; Frases varias de presentaciones, conferencias y talleres.

Biblia; Hebreos 11:11

Belfort, Jordan; "El Lobo de Wall Street", 2007

Nietzsche, Friedrich; "Thus Spoke Zarathustra"

Tice, Lou; "Personal Coaching for Results", 1997

Sócrates, filósofo griego. 399 AC

FUNDAMENTO # 6 DEJA DE JUSTIFICARTE

Jong, Erica; "Miedo a Volar", 1973.

Hill, Napoleon; "Piense y Hágase Rico", 1937

Henley, William Ernest; "Invictus", 1888

FUNDAMENTO # 7 CÓMO Y POR QUÉ EXPANDIR NUESTRA ZONA DE CONFORT

Rodriguez, Juan; Lifecoach; Frases varias de presentaciones, conferencias y talleres.

Peterson, Jordan B; "12 Reglas para la Vida, un Antídoto para el Caos", 2018

Peterson, Jordan B; "Maps of Meaning: The Architecture of Belief", 1999

Tice, Lou; "Personal Coaching for Results", 1997

Biblia; Genesis 12:01

FUNDAMENTO # 8 EL DIÁLOGO INTERNO: NUESTRO MEJOR ALIADO… O NUESTRO PEOR ENEMIGO

Rodriguez, Juan; Lifecoach; Frases varias de presentaciones, conferencias y talleres.

Solomon, Paul; "The Readings of the Paul Solomon Source"

Bennett, Andrew; Conferencia: "Abracadabra, La Magia de las Palabras"

Helmstetter, Shad; "What to say when you talk to yourself", 1986

ACERCA DEL AUTOR

Por más de veinte años, Juan Rodríguez se ha dedicado a asesorar, capacitar e impartir entrenamientos empresariales a nivel mundial, en temas de cultura organizacional y de incremento en la eficacia, partiendo de lo individual y hasta lo colectivo. Para este efecto, ha creado programas específicos a las necesidades de las empresas, atendiendo las individualidades de quienes conforman tales organizaciones. Ha sido consultor de equipos deportivos a nivel profesional, dando asesoría calificada a equipos en varias disciplinas deportivas tales como futbol, golf, tenis, beisbol y NASCAR. Su especialidad es asesorar a individuos de alto rendimiento en cualquiera de estos diversos rubros, formando e instaurando programas de desarrollo, estructurados especialmente tomando en cuenta las necesidades de cada uno de los individuos.

En los últimos diez años ha participado regularmente en sendos programas de televisión, programas de radio y en plataformas sociales, como consejero y como comunicador social.

Juan Rodriguez cree fervientemente en la filosofía del incalculable potencial humano y en las múltiples formas de poder acceder a este potencial. Asegura que el camino es actualizarse con las herramientas y con los conocimientos que potencian a los individuos en la idiosincrasia y en las condiciones de tiempo, espacio y cultura de donde parte cada uno de nosotros.

Imparte conferencias de alto impacto en dos idiomas (español e inglés).

Si desea ponerse en contacto con el autor, o si desea más información acerca de los cursos, conferencias, evaluaciones, "assessments" y talleres impartidos por el autor, por favor escríbanos o contáctenos a través de nuestras redes sociales.

#empoderatehackeandotumente.

www.empoderatehackeadotumente.com

facebook: empoderatehackeandotumente

Instagram: @empoderatehackeandotumente

email: lifecoachrodriguez@gmail.com

CITAS PARA RECORDAR (…y compartir)

INTRODUCCIÓN

LAS PROBABILIDADES DE NO CAMBIAR SON NUEVE CONTRA UNA

FUNDAMENTO # 1 LA VISIÓN

"VISIÓN ES EL ARTE DE VER LO INVISIBLE"

Jonathan Swift

"LO ÚNICO PERMANENTE EN LA VIDA ES EL CAMBIO"

Heráclito

"CAMBIA LA ESTRATEGIA, PERO NUNCA CAMBIES LA META"

Lou Tice

"TU SUBCONSCIENTE ES UN MILLÓN DE VECES MÁS PODEROSO QUE TU CONSCIENTE".

Dr. Bruce Lipton

ENTRE MÁS RÁPIDO SE SIEMBRE LA SEMILLA DE LAS POSIBILIDADES, MÁS PROFUNDAS PUEDEN CRECER LAS RAÍCES DE LOS SUEÑOS.

Juan L. Rodriguez

ENTRE MÁS ALTO EL EDIFICIO HACIA ARRIBA, MÁS PROFUNDO HACIA ABAJO SERÁ EL CIMIENTO.

Juan L. Rodriguez

FUNDAMENTO # 2 TOMAR ACCIÓN

"¡ERES LO QUE HACES, NO LO QUE DICES QUE VAS HACER!"

Carl Gustav Jung

"¡JUST DO IT!" (SOLO HAZLO)

DE IGUAL MANERA, E IRÓNICAMENTE, SI FALLASTE EN TU PRIMER INTENTO, SEA COMO SEA SUPERASTE VARIAS COSAS IMPORTANTÍSIMAS DE SUPERAR, COMO POR EJEMPLO VENCER EL UMBRAL DE LA INDECISIÓN, CONQUISTAR EL MIEDO PARALIZANTE, CREAR LA VISIÓN DE VERTE EN ACCIÓN Y SENTAR EL PRECEDENTE DE HABERLO HECHO, TODO LO CUAL CREA LA PLATAFORMA PARA LA SEGUNDA Y PARA LAS CONSIGUIENTES ACCIONES Y NUTRE TU CONFIANZA INDIVIDUAL.

Juan L. Rodriguez

FUNDAMENTO # 3 APRENDA A VENDER CONSTANTEMENTE,

Y A COMPRAR CONSCIENTEMENTE

"EL NIÑO VENDE SUS ILUSIONES, EL ANCIANO SUS RECUERDOS, EL ENAMORADO SUS SENTIMIENTOS, EL ESPIRITUAL SU TRASCENDENCIA Y HASTA EL RUISEÑOR, VENDE SU CANTO".

Juan L. Rodriguez

LAS VENTAS SON UNA TRANSFERENCIA DE EMOCIONES QUE TE LOGRAN PERSUADIR A TOMAR UNA DECISIÓN Y UNA ACCIÓN

Juan L. Rodriguez

"LA VENTA ES UNA TRANSFERENCIA DE EMOCIONES. SI QUIERES SER O SI YA ERES UN EMPRESARIO, LES TIENES QUE VENDER A TUS COLABORADORES LA RAZÓN DEL POR QUÉ SE ENTREGUEN A TU EMPRESA; LES TIENES QUE VENDER A LOS POTENCIALES BANQUEROS QUE TE VAN A PRESTAR DINERO O TE VAN A DAR CRÉDITOS, SEGURIDAD; Y SI SON ASOCIADOS, LO MISMO LES TIENES QUE VENDER. Y TODO SE TRADUCE EN TU CAPACIDAD PARA PERSUADIRLOS DE LO QUE ES TU VISIÓN, PARA QUE ELLOS TE COMPREN LO QUE A ELLOS Y A TI CONVIENE QUE TE COMPREN. DE NUEVO, REPITO, ESTO DE LA VENTA SIEMPRE ES Y SERÁ UNA TRASFERENCIA DE EMOCIONES".

Jordan Belfort

"ACTUAMOS Y PERCIBIMOS CON BASE EN LAS CREENCIAS, MÁS QUE CON BASE EN NUESTRO POTENCIAL".

Lou Tice

"YO NO SOY ENTRENADOR. NUNCA FUI UN ENTRENADOR. NUNCA CREÍ QUE FUERA A SALIR DE UNA ESCUELA PREPARATORIA A UN COLEGIO, Y DESPUÉS DE UN COLEGIO A LA LIGA DE NBA, Y LUEGO, DESPUÉS DE LA NBA, A LAS OLIMPIADAS CON EL MEJOR EQUIPO DE BASQUETBOL DEL MUNDO. LO ÚNICO QUE FUI, Y QUE ME LLEVÓ A TODOS ESTOS LUGARES, FUE SER UN MUY BUEN VENDEDOR, PORQUE TENÍA QUE VENDERLE AL EQUIPO LO QUE HABÍA QUE HACER. LE VENDÍA A CADA UNO DE LOS JUGADORES LO QUE ELLOS TENÍAN, PERO QUE NI ELLOS MISMOS SE COMPRABAN. LES VENDÍA A LOS ADMINISTRATIVOS DE LOS EQUIPOS LO QUE TENÍAN QUE COMPRARME. LE VENDÍA A LA PRENSA LO QUE SABÍA QUE HABÍA QUE VENDERLES. A MÍ MISMO ME TUVE QUE VENDER MUCHAS IDEAS Y NI A MÍ MISMO ME CONVENCÍA, PERO SABÍA QUE, PARA LOGRAR ALGUNAS COSAS, NECESITABA INSISTIR EN VENDERME A MÍ MISMO LO QUE TENÍA QUE COMPRAR".

Chuck Daly

FUNDAMENTO #4 SÉ EFICIENTE, DE FORMA SUBCONSCIENTE

"TU SUBCONSCIENTE ES UN MILLÓN DE VECES MÁS PODEROSO QUE TU CONSCIENTE".

Dr. Bruce Lipton

"IT IS NOT PRACTICE THAT MAKES PERFECT, IT IS THE PRACTICE OF PERFECT THAT MAKES PERFECT".

"NO ES LA PRÁCTICA LO QUE TE LLEVA A LA PERFECCIÓN, ES LA PRÁCTICA DE LA PERFECCIÓN, LO QUE TE LLEVA A LA PERFECCIÓN".

Lou Tice

FUNDAMENTO# 5 ESTABLECER METAS AMBICIOSAS

"UNA ILUSIÓN LLENA DE FANTASÍAS REPETIDAS, CLARAS Y CONTUNDENTES, CREAN EL MAGNETISMO Y EL IMPULSO PARA MANIFESTARSE EN LA REALIDAD"

Juan L. Rodriguez

"FE, ES LA EXPECTATIVA SEGURA DE LAS COSAS QUE SE ESPERAN; LA REALIDAD EVIDENTE DE LO QUE NO SE VE".

Hebreos 11:11

"LA RAZÓN POR LA QUE LA MAYORÍA DE LAS PERSONAS NO SON NI EXITOSAS NI PRÓSPERAS, NO ES PORQUE HAYAN PUESTO SUS METAS DEMASIADO ALTAS Y HAYAN FALLADO EN ALCANZARLAS, SINO PORQUE LAS PUSIERON DEMASIADO BAJAS, Y LAS LOGRARON".

Jordan Belfort

"AQUEL QUE TIENE UN PORQUÉ PARA VIVIR, PUEDE ENFRENTAR TODOS LOS CÓMOS".

Friedrich Nietzsche

"PRIMERO VIENE LA META, LUEGO SE PERCIBE".

Lou Tice

"LA VIDA QUE NO SE EXAMINA, NO VALE LA PENA VIVIRLA".

Sócrates

FUNDAMENTO # 6 DEJA DE JUSTIFICARTE

"TOMA TODA LA RESPONSABILIDAD DE TU VIDA EN TUS MANOS Y ALGO TERRIBLE SUCEDE: YA NO HAY A QUIEN CULPAR".

Erica Jong

"CUANDO HENLEY ESCRIBIÓ SUS PROFÉTICAS PALABRAS QUE REZAN:

'SOY EL DUEÑO DE MI DESTINO, SOY EL CAPITÁN DE MI ALMA',

DEBERÍA HABERNOS INFORMADO QUE NOSOTROS SOMOS LOS DUEÑOS DE NUESTROS DESTINOS, LOS CAPITANES DE NUESTRAS ALMAS, PORQUE TENEMOS EL PODER DE CONTROLAR NUESTROS PENSAMIENTOS.

DEBERÍA HABERNOS DICHO QUE NUESTRO CEREBRO SE MAGNETIZA CON LOS PENSAMIENTOS DOMINANTES QUE LLEVAMOS EN LA MENTE Y QUE, POR ESOS MECANISMOS, QUE NADIE CONOCE BIEN, ESTOS IMANES ATRAEN HACIA NOSOTROS, LAS PERSONAS Y LAS CIRCUNSTANCIAS DE LA VIDA QUE ARMONIZAN CON LA NATURALEZA DE NUESTROS PENSAMIENTOS DOMINANTES".

Napoleon Hill

FUNDAMENTO # 7 CÓMO Y POR QUÉ EXPANDIR NUESTRA ZONA DE CONFORT

"EN DONDE TERMINA NUESTRA ZONA DE CONFORT, VIVEN EL MIEDO Y EL CRECIMIENTO DE FORMA ARMONIOSA".

Juan L Rodriguez

"ES NORMAL SENTIR MIEDO. LO QUE NO ES NORMAL ES QUEDARSE ATEMORIZADOS".

Lou Tice

"EL SEÑOR LE DIJO A ABRAHAM: DEJA TU PAÍS, A LOS DE TU RAZA, Y A LA FAMILIA DE TU PADRE, Y ANDA POR LA TIERRA QUE YO TE MOSTRARÉ"

Genesis

FUNDAMENTO # 8 EL DIÁLOGO INTERNO: NUESTRO MEJOR ALIADO... O NUESTRO PEOR ENEMIGO

"LA POLILLA DE TUS SUEÑOS Y ASPIRACIONES ES ESA CONSTANTE DUDA QUE TU MISMO NUTRES".

Juan L. Rodríguez

"NO PODEMOS DEJAR DE HACER AQUELLO QUE NO SABEMOS QUE ESTAMOS HACIENDO".

Paul Solomon

"CUANDO DEJAS ABIERTA LA PUERTA DE LA DUDA, EL FRACASO ENTRA SIN PEDIR PERMISO Y SIN ANUNCIARSE"

Juan L Rodriguez

ABRACADABRA

"LO QUE EXPRESO, ES LO QUE MANIFIESTO"

Andrew Bennett

1- SÉ CONSCIENTE DE TUS PALABRAS LO MÁS QUE PUEDAS. ANALIZA SI ÉSTAS SON CREATIVAS O SI SON LIMITANTES.

2.- MONITOREA NO SOLO TU DIÁLOGO INTERNO, SINO TAMBIÉN LO MÁS QUE PUEDAS, TU DIÁLOGO EXTERNO QUE ES LA EXTENSIÓN DE LO QUE LLEVAMOS DENTRO.

3.- TRATA DE USAR PALABRAS QUE TE LLEVEN AL FUTURO QUE DESEAS CREAR Y, OBVIAMENTE PARA ELLO, LO NECESITAS CREER.

4.- CUANDO NO LOGRES VER LOS RESULTADOS QUE ESPERAS, EVALÚA LAS PALABRAS QUE USAS.

5.- ES IMPORTANTE TODO EL TIEMPO ESTAR ESCRIBIENDO, PLASMANDO EN PAPEL CON NUESTRAS LETRAS Y NUESTRA MANO, EL FUTURO QUE REALMENTE QUEREMOS Y VAMOS A CREAR.

Andrew Bennett

"WHAT TO SAY WHEN YOU TALK TO YOURSELF".

Shad Helmstetter

"EL SUBCONSCIENTE NO SABE LA DIFERENCIA ENTRE LO QUE ES REAL Y LO QUE SE IMAGINA INTENSAMENTE COMO REAL. TAMPOCO JUZGA LO QUE ES BUENO O LO QUE ES MALO; NO SABE DE BROMAS, SOLO ASUME LAS COSAS TAL Y COMO SE LAS DICE UNO, DE FORMA LITERAL".

Shad Helmstetter

"EL VIEJO PROGRAMA CONTROLA TODOS LOS HÁBITOS, Y ESTOS VIEJOS HÁBITOS SIEMPRE NOS VAN A QUERER DOMINAR".

Shad Helmstetter

"LA MAYOR PARTE DE LA PROGRAMACIÓN QUE HEMOS RECIBIDO ESTÁ EQUIVOCADA. HASTA MÁS DEL 75% DE

LO QUE NOS FUE GRABADO O QUE ALMACENAMOS EN NUESTRO SUBCONSCIENTE, ES CONTRAPRODUCENTE. POR ESTA RAZÓN, NUESTRO SUBCONSCIENTE TRABAJA EN CONTRA DE NOSOTROS MISMOS, ES DECIR, NO ESTAMOS PROGRAMADOS PARA EL ÉXITO. SÍ PODEMOS REPROGRAMARNOS. PODEMOS REEMPLAZAR CREENCIAS VIEJAS, NOCIVAS, CONTRAPRODUCENTES HACIA NOSOTROS MISMOS, POR IDEAS MÁS SALUDABLES, POSITIVAS Y CONSTRUCTIVAS, E INCLUSO ES POSIBLE EL REEMPLAZO DE TODO LO VIEJO. LA CLAVE ES APRENDER A HABLARNOS A NOSOTROS MISMOS DE UNA MEJOR MANERA".

Shad Helmstetter

Made in the USA
San Bernardino, CA
09 March 2020